조선의 집시

조선의 집시
───────────────────────────────
ⓒ김유정 2019

초판 1쇄 인쇄 | 2019년 01월 20일
초판 1쇄 발행 | 2019년 01월 25일

지은이 | 김유정
펴낸이 | 이호림
디자인 | 정재수 · 박동화
펴낸곳 | 도서출판 글도
출판등록 | 제128-90-10700호(2008. 3. 15.)
전화 | 031-765-6137
팩스 | 031-766-6137
주소 | 경기도 광주시 초월읍 현산로69 106-406
이메일 | snowangel1@naver.com
홈페이지 | http://cafe.naver.com/ilnp2
ISBN | 979-11-87058-37-3 03810

이 도서의 국립중앙도서관 출판예정도서목록(CIP)은
서지정보유통지원시스템 홈페이지(http://seoji.nl.go.kr)와
국가자료공동목록시스템(http://www.nl.go.kr/kolisnet)에서
이용하실 수 있습니다.(CIP제어번호: CIP2019001102)

*책값은 뒤표지에 있습니다.
*파본은 구입하신 서점에서 교환해 드립니다.

김유정 수상집

조선의 집시

편집부 편

서 문序文

　김유정 작가의 수필 및 기타 잡문 등을 모은『김유정 수상집』이다.『동백꽃』『만무방』에 이은 (도)글도가 펴내는 세 번째 김유정 작가 관련 책자이다. 김유정은 짧은 인생을 불꽃같이 살다간 작가여서 남긴 작품이 그다지 많지 않다. 세 번째 책자를 묶으니 어느덧 김유정이 남긴 작품 대부분을 다 담은 셈이 되고 말았다. 아쉬운 일이다.

　그러나 크게 아쉬워할 일은 아니겠다. 김유정이 남긴 작품집은 그 하나하나가 별처럼 빛나는, 작품성이 뛰어난 작품들이어서 그 적은 분량이 주는 아쉬움을 충분히 보상하고도 남는다. 유정이 남긴 수필이나 잡문들도 이에서 예외가 아니다. 보다 날것으로써의 김유정의 육성을 듣고자 하는 독자들이라면 오히려 이 책자에 실린 유정의 수필이나 잡문에 귀를 기울여보는 게 나을 수도 있다. 소설은 상상의 창작물이어서 작가의 직접적 육성을 가리는 측면이 있지만, 수필이나 잡문은 그러하지 않은 까닭이다.

　이렇게 위안을 삼아도, 그래도 아쉬움을 갖는 독자들이

있을지 모르겠다. 책을 펴내는 출판사 입장에서도 무언가 허전한 듯한 아쉬움을 떨쳐내버리기 어려운 게 사실이다. 단지 책자 세 권으로 김유정 기획전을 마무리하다니, 너무 빨리 끝내버리는 게 아닌가 하는……

 그래서 본 출판사는 김유정 관련 책자를 한 권 더 묶어 출간하려고 한다. 김유정 작품들에 대한 평문집이다. 아마도 평전적 성격도 갖추게 될 것이다. 미진한 구석이 남거나 아쉬움을 갖는 독자들에게는 희소식이 되리라고 본다.

 작가 자신의 보다 직접적인 육성을 담고 있는 작가의 수필들은, 한층 안타깝고 비애감을 들게 한다. 많은 부분 병마와 싸우며 사위어가는 고통스러운 육성을 담고 있어서다. 김유정 작가의 수상에 대한 자세한 사항은 후기에 담았으니 후기 역시 꼼꼼히 읽어주기를 바란다.

2019년 정월, 편집부

차 례

서 문序文 ·················· 4

수필-고향
잎이 푸르러 가시던 님이 ············ 10
오월의 산골짜기 ················ 15

수필-여인
조선朝鮮의 집시 ················ 24
어떠한 부인을 맞이할까 ············ 39
전차電車가 희극喜劇을 낳아 ·········· 41
강원도江原道 여성女性 ············· 50

수필-병상
나와 귀뚜라미 ················· 58
길 ······················ 60
행복幸福을 등진 정열情熱 ··········· 63
밤이 조금만 짧았더면 ············· 67
병상영춘기病床迎春記 ············· 74
네가 봄이런가 ················· 88

*

편지와 일기
강로향전姜鷺鄕前 ································· 94
박태원전朴泰遠前 ································· 95
문단文壇에 올리는 말씀 ························ 96
병상病床의 생각 ································· 98
필승전前 ··· 113
일기 ··· 116

새소설-홍길동전
홍길동전洪吉童傳 ······························· 118

기 타-설문 및 좌담
새로운 문학文學의 목표目標 ··················· 144
좌 담··· 160

시 선視線
이상의 시선 ····································· 164
안회남의 시선 ·································· 174
박태원의 시선 ·································· 221

[후기]고향, 여인 그리고 병상의 이야기 ······ 226

일러두기

---

*. 맞춤법, 띄어쓰기, 문장부호, 형식단락 등은 되도록이면 현대식 표기로 바꾸었고, 부득이한 경우에 한하여 원본 형태 그대로 유지하였음을 일러둡니다.

수필-고향

잎이 푸르러 가시던 님이

잎이 푸르러 가시던 님이
백설이 흩날려도 아니 오시네

이것은 강원도 농군江原道農軍이 흔히 부르는 노래의 하나입니다. 그리고 산골이 지닌 바 여러 자랑 중의 하나라고도 볼 수 있습니다. 화창和暢한 봄을 맞아 싱숭거리는 그 심사心思야 예나 제나 다를 리 있으리까마는 그 매력魅力에 감수되는 품이 좀 다릅니다.

일전日前 한 벗이 말씀하되 나는 시골이, 한산閑散한 시골이 그립다 합니다. 그는 본래 시인詩人이요 병마病魔에 시달리는 몸이라 소란騷亂한 도시생활都市生活에 물릴 것도 당연한 일입니다. 허나 내가 생각컨대 아마 악착齷齪스러운 이 사바娑婆에서 좀이나마 해탈解脫코저 하는 것이 그의 본의本意일 듯싶습니다. 그때 나는 그러나 더러워서요, 아니꼬워서 못 사십니다, 하고 의미몽롱意味朦朧한 대답對答을 하였습니다. 그리고 너무 결백潔白한, 너무 도사류道士流인 그의 성격性格에 나는 존경尊敬과 아울러 하품을 아니 느낄 수 없었습니다. 시골이란 그리 아름답고 고요한 곳이 아닙니다. 서울사람이 시골을 동경憧憬하여 산이 있고 내가 있고 쌀이 열리는 풀이 있고…… 이렇게 단조單調로운 몽상夢想으로 애상적 시흥哀想的詩興에 잠길 고때 저―쪽 촌뜨기는 쌀 있고 옷 있고 돈이 물밀듯 질번거릴 법한 서울에 오고 싶어 몸살을 합니다.

퇴폐頹廢한 시골, 굶주린 농민農民, 이것을 자타自他 없이 주지하는 바라 이제 새삼스리 뇌일 것도 아닙니다. 마는 우리가 아는 것은 쌀을 못 먹은 시골이요 밥을 못 먹은 시골이 아닙니다. 굶주린 창자의 야릇한 기미機微는 도시 모릅니다. 만약에 우리가 본능적本能的으로 주림을 인식했다면 곧바로 아름다운 시골, 고요한 시골이라 안합니다.

시골의 생활감生活感을 적실適實히 알려면 그래도 봄입

니다. 한 겨울동안 흙방에서 복대기던 울분鬱憤, 내일을 우려憂慮하는 그 췌조悴燥, 그리고 터무니없는 야심野心, 이 모든 불온不穩한 감정感情이 엄동嚴冬에 지질되어 압축壓縮되었다 봄과 맞닥뜨리어 몸이라도 나른히 녹고 보면 단박에 폭발爆發되고 마는 것입니다. 남자란 워낙 뚝기가 좀 있어서 위험危險이 덜합니다. 그것은 대체로 부녀婦女 더욱이 파랗게 젊은 새댁에 있어서 그 예가 심합니다. 그들은 봄에 더 뜰되어 방종放縱하는 감정을 자제自制치 못하고 그대로 열에 띄입니다. 물에 빠집니다. 행실行實을 버립니다. 나물 캐러 간다고 요리조리 핑계 대고는 바구니를 끼고 한 번 나서면 다시 돌아올 줄은 모르고 춘풍春風에 살랑살랑 곧장 가는 이도 한둘이 아닙니다. 그러나 붙들리면은 반쯤 죽어날 줄을 그리고 모르는 바도 아니련만—

또 하나 노래가 있습니다.

    잘살고 못살긴 내 분복이요
    하이칼라 서방님만 얻어주게유

이것도 물론勿論 산골이 가진 바 자랑의 하납니다. 여기에 하이칼라 서방님이란 머리에 기름 바르고 향기香氣 피는 매끈한 서방님이 아닙니다. 돈 있고 쌀 있고 또 집 있고 이렇게 푼푼하고 유복有福한 서울 서방님 말입니다. 언뜻 생각할 때 에이 더러운 계집들! 에이 우스운 것들! 하고 혹 침을 뱉으실 분이 있을지는 모르나 그것은 좀 덜 생각한 것입니다. 님도 좋지만 밥도 중합니다. 농부의 계집으로서 한평생限平生 지지리지지리 굶다 마느니 서울 서방님 곁에 안겨 밥 먹고 옷 입고 그리고 잘 살아보자는 그 이상理想이 가질 바 못 되는 것도 아닙니다. 님 있고, 밥 있고 이러한 곳이라야 행복幸福이 깃들입니다.

내가 시골에 있을 때 나에게 봄을 제일 먼저 전傳해 주는 것은 무엇보다도 술상의 달래입니다. 나는 고놈을 매우 즐깁니다. 안주로 한 알을 입에 물고 꼭 꼭 씹어보자면 매낀매낀한 그리고 알싸한 그 맛. 이크 봄이로군! 이렇게 직감直感으로 나는 철을 알게 됩니다. 뿐만 아니라 봄에 몸 닳은 큰애기, 새댁들의 남다른 오뇌懊惱를 연상케 됩니다. 나물을 뜯으러 갑네 하고 꾀꾀틈틈이 빠져나와 심산유곡深山幽谷 그윽한 숲속에들 모여앉아서 넌지시 감춰두었던 곰방대를 서로 빨아가며 슬픈 사정事情을 주고받는 그들을 — 차마 못 하고 이럴까 저럴까 망설이는 울적鬱積한 그 심사心思를 연상聯想케 됩니다. 그리고 그 노래를 —

    잎이 푸르러 가시던 님
    백설이 흩날려도 안 오시네

  그러다 술이 좀 취하면 몇 해 후에는 농촌의 계집이 씨가 마릅니다. 그때는 알총각들만 남을 터이니 이를 어쩌나! 제멋대로 이렇게 단정斷定하고 부질없이 근심까지도 하는 버릇이 있습니다.

오월의 산골짜기

나의 고향은 저 강원도 산골이다. 춘천읍에서 한 이십여리 가량 산을 끼고 꼬불꼬불 돌아 들어가면 내닫는 조그마한 마을이다. 앞뒤 좌우에 굵직굵직한 산들이 빽 둘러섰고 그 속에 묻힌 아늑한 마을이다. 그 산에 묻힌 모양이 마치 움푹한 떡시루 같다 하야 동명을 실레라 부른다. 집이라야 대개 쓰러질 듯한 헌 초가요 그나마도 오십 호五十戶밖에 못되는 말하자면 아주 빈약한 촌락村落이다.

그러나 산천의 풍경風景으로 따지면 하나 흠잡을 데 없는 귀여운 전원田園이다. 산에는 기화이초奇花異草로 바닥을 틀었고, 여기저기에 쫄쫄거리며 내솟는 약수도 맑고 그리고 우리의 머리 위에서 골골거리며 까치와 시비是非를 하는 노란 꾀꼬리도 좋다.

주위가 이렇게 시적이니만치 그들의 생활도 어데인가 시적이다. 어수룩하고 꾸물꾸물 일만 하는 그들을 대하면 딴 세상 사람을 보는 듯하다.

벽촌僻村이라 교통이 불편함으로 현 사회와 거래가 드물다. 편지片紙도 나달에 한 번씩밖에 안 온다. 그것도 배달부가 자전차로 이 산골짝까지 오기가 괴로워서 도중에 마을 사람이나 만나면 편지 좀 전해달라고 부탁하고는 도루 가기도 한다.

이렇게 도회와 인연이 멀음으로 그 인심도 그리 야박지가 못하다. 물론 극히 궁한 생활이 아닌 것은 아니나 그러나 그들은 아직 촉촉한 행동을 모른다. 그 증거로 아직 나의 기억에 상해사건傷害事件으로 마을의 소동을 일으킨 적은 없었다.

그들이 모이어 일하는 것을 보아도 퍽 우의적友誼的이요 따라 유쾌愉快한 노동을 하는 것이다.

오월쯤이면 농가에는 한창 바쁠 때이다. 밭일도 급하거니와 논에 모도 내야 한다. 그보다도 논에 거름을 할 갈이 우선 필요하다. 갈을 꺾는 데는 갈잎이 알맞게 퍼드러졌을 때 그리고 쇠기 전에 부랴사랴 꺾어내려야 한다.

이러한 경우에는 일시에 많은 품이 든다. 그들은 열아문씩 한 떼가 되어 돌려가며 품앗이로 일을 해주는 것이다. 이것은 일의 권태倦怠를 잊을 뿐만 아니라 또한 일의 능률까지 오르게 된다.

갈 때가 되면 산골에서는 노유老幼를 막론하고 무슨 명절이나처럼 공연히 기꺼웁다. 왜냐면 갈군을 위하야 막걸리며, 고등어, 콩나물, 두부에 이팝 이렇게 별식이 벌어지기 때문이다.

농군하면 얼뜬 앉은 자리에서 밥 몇 그릇씩 치는 탐식가로 정평이 낫다. 사실 갈을 꺾을 때 그들이 먹는 식품食稟은 놀라운 것이다. 그리고 그렇게 먹지 않으면 몸이 담당해나가지 못할 만치 일도 역 고된 일이다. 거한 산으로 헤매이며 갈을 꺾어서 한 짐 잔뜩 지고 오르내리자면 방울땀이 떨어지니 여느 일과 노동이 좀 다르다. 그러니 만치 산골에서는 갈군만은 특히 잘 먹이고 잘 대접하는 법이다.

개동開東부터 어두울 때까지 그들은 밥을 다섯 끼를 먹는다. 다시 말하면 조반, 점심 겨누리, 점심, 저녁 겨누리, 저녁 이렇게 여러 번 먹는다. 게다가 참참이 먹이는 막걸리까지 친다면 하루에 무려 여덟 번을 식사를 하는 세움이다. 그것도 감투밥으로 치올려 담은 큰 그릇의 밥 한 사발을 그들은 주는 대로 어렵지 않게 다 치고 치고 하는 것이다.

"아 잘 먹었다. 이렇게 먹어야 허리가 안 휘어."

이것이 그들의 가진 지식知識이다. 일에 과로하야 허리가 아픈 것을 모르고 그들은 먹은 밥이 삭아서 창자가 홀쭉하니까 허리가 휘는 줄로만 안다. 그러니까 빈창자에 연신 밥을 메꿔서 꼿꼿이 만들어야 따라 허리도 펴질 걸로 알고 굳이 먹는 것이다.

갈군들은 흔히 바깥뜰에 멍석을 펴고 쭉 둘러앉아서 술이고 밥이고 즐긴다. 어쩌다 동리 사람이 그 앞을 지나가게 되면 그들은 손짓으로 부른다.

"여보게 이리 와 한 잔 하게."

"밥이 따스하니 한술 뜨게유."

이렇게 옆 사람을 불러서 같이 음식飮食을 나누는 것이 그들의 예의禮儀다. 어떤 사람은 아무개집의 갈 꺾는다 하면 일부러 찾아와 제목을 당당堂堂히 보고 가는 이도 있다.

나도 고향에 있을 때 갈군에게 여러 번 얻어먹었다. 그 막걸리의 맛도 좋거니와 옹기종기 모이어 한 가족같이 주고받는 그 기분만도 깨끗하다. 산골이 아니면 보기 어려운 귀여운 단락團樂이다.

그리고 산골에는 잔디도 좋다.

산비탈에 포근히 깔린 잔디는 제물로 침대가 된다. 그 위에 바둑이와 같이 벌릉 자빠져서 묵상默想하는 재미도 좋다. 여길 보아도 저길 보아도 우뚝우뚝 섰는 모조리 푸른 산이매 잡음 하나 들리지 않는다.

이런 산 속에 누워 생각하자면 비로소 자연의 아름다움을 고요히 느끼게 된다. 머리 위로 날아 앉는 새들도 갖가지다. 어떤 놈은 밤나무 가지에 앉아서 한 다리를 반짝 들고는 껄끔한 꽁지를 회회 두르며,

"삐죽ㅡ! 삐죽ㅡ!"

이렇게 노래를 부른다. 그러면 이번에는 하얀 새가,

"뼁!" 하고 날아와 앉아서는 고개를 까땍까땍 하다가 도루,

"뼁!" 하고 달아난다. 혹은 나무줄기를 쪼며 돌아다니는 딱따구리도 있고. 그러나 떼를 지어 푸른 가지에서 유희를 하며 지저귀는 꾀꼬리도 몹시 귀엽다.

산골에는 초목의 내음새까지도 특수하다. 더욱이 새로튼 잎이 한창 퍼드러질 임시臨時하야 바람에 풍기는 그 향

취香臭는 일필로 형용하기 어렵다. 말하자면 개운한 그리고 졸음을 청하는 듯한 그런 나른한 향기다. 일종의 선정적煽情的 매력을 느끼게 하는 짙은 향기다.

뻐꾸기도 이 내음새에는 민감인 모양이다. 이때로부터 하나 둘 울기 시작한다.

한 해만에 뻐꾸기의 울음을 처음 들을 적만치 반가운 일은 없다. 우울한 그리고 구슬픈 그 울음을 울어대이면 가뜩이나 한적閑寂한 마을이 더욱 늘어지게 보인다.

다른 데서는 논이나 밭을 갈 때 노래가 없다 한다. 그러나 산골에는 소 모는 노래가 따로이 있어 논밭 일에 소를 부릴 적이면 의례히 그 노래를 부른다. 소들도 세련洗鍊이 되어 주인이 부르는 그 노래를 잘 이해하고 있다. 그래서 노래대로 좌우로 방향을 변하기도 하고 또는 보조의 속도를 늘이고 줄이고, 이렇게 순종順從한다.

먼발치에서 소를 몰며 처량히 부르는 그 노래도 좋다.

이것이 모두 산골이 홀로 가질 수 있는 성스러운 음악이다.

산골의 음악으로 치면 물소리도 빼지는 못하리라. 쫄쫄 내솟는 샘물소리도 좋고 또는 촐랑촐랑 흘러내리는 시내도 좋다. 그러나 세차게 콸콸 쏠려 내리는 큰 내를 대하면 정신이 번쩍 난다.

논에 모를 내는 것도 이맘때다. 시골서는 모를 낼 적이면 새로운 희망希望이 가득하다. 그들은 즐거운 노래를 불러가며 가을의 수확收穫까지 연상하고 한 포기 한 포기의 모를 심어나간다. 농군에게 있어서 모는 그야말로 그들의 자식과 같이 귀중한 물건이다. 모를 내고 나면 그들은 그것만으로도 한 해의 농사를 다 진 듯싶다.

아낙네들도 일꾼에게 밥을 해내기에 눈코 뜰 새 없이 바쁘다. 그리고 큰 함지에 처담아 이고는 일터에까지 나르지 않으면 안 된다. 아이들은 그 함지 끝에 줄레줄레 따라다니며 묵묵히 제 몫을 요구한다.

그리고 갈 때 전후하야 송아가 한창이다. 바람이라도 세게 불 적이면 시내 면面에 송아 가루가 노랗게 앵긴다.

아낙네들은 기회를 타서 머리에 수건을 쓰고 산으로 송아를 따러 간다. 혹은 나무 위에서 혹은 나무 아래에서 서로 맞붙어 일을 하며 저희도 모를 소리를 몇 마디 지껄이다가는 포복절도抱腹絶倒할 듯이 깔깔 대고 하는 것이다.

이것이 오월경 산골의 생활이다.

산 한 중턱에 번듯이 누워 마을의 이런 생활을 내려다보면 마치 그림을 보는 듯하다. 물론 이지理知 없는 무식

한 생활이다. 마는 좀 더 유심히 관찰한다면 이지 없는 생활이 아니고는 맛볼 수 없을 만한 그런 순결한 정서情緖를 느끼게 된다.

내가 고향을 떠난 지 한 4년이나 되었다. 그동안 얼마나 산천이 변했는지 모르겠다. 그러나 금쟁이의 화를 아직 입지 않은 곳이매 상전벽해桑田碧海의 변은 없으리라.

내내 건재健在하기 바란다.

수필-여인

조선朝鮮의 집시

아내를 구경求景거리로 개방開放할 의사意思가 있는가 혹은 그만한 용기勇氣가 있는가. 나는 이렇게 가끔 묻고 싶은 충동衝動을 느낀다. 물론 사교계社交界에 용납容納한다는 의미는 아니다. 아내의 출세와 행복을 바라지 않는 자가 누구랴.

그러나 내가 하는 말은 자기의 아내를 대중大衆의 구경거리로 던질 수 있는가, 그것이다. 그야 일부러 물자物資를 들여가며 이혼을 소송訴訟하는 부부도 없지는 않다. 마는 극진極盡히 애지중지愛之重之하는 자기의 아내를 대중에게 봉사奉仕하겠는가, 말이다.

밥! 밥! 이렇게 부르짖고 보면 대뜸 신성神聖치 못한 아귀餓鬼를 연상케 된다. 밥을 먹는다는 것이 딴은 그리 신성치는 못한가 부다. 마치 이 사회社會에서 구명도생救命圖生하는 호구糊口가 그리 신성치 못한 것과 같이 — 거기에는 몰자각적沒自覺的 복종服從이 필요하다. 파렴치적破廉恥的 허세虛勢가 필요하다. 그리고 매춘부적 애교賣春婦的愛嬌 아첨阿諂도 필요할는지 모른다. 그렇지 않고야 제가 감히 사회적 지위社會的地位를 농단壟斷하고 생활해 나갈 도리道理가 있겠는가.

그러나 이것은 그런 모든 가면 허식假面을 벗어난 각성적覺醒的 행동行動이다. 아내를 내놓고 그리고 먹는 것이다. 애교愛嬌를 판다는 것도 근자에 이르러서는 완전히 노동화勞動化하였다. 노동하여 생활하는 여기에는 아무도 이의異議가 없을 것이다.

이것이 즉 들병이다.

그들도 처음에는 다 나쁘지 않게 성한 오장육부五臟六腑가 있었다. 그리고 남만 못하지 않게 낄끔한 희망希望으로 땅을 파던 농군農軍이었다.

농사라는 것이 얼른 생각하면 한가閑暇로운 신선神仙 노릇도 같다. 마는 실상은 그런 고역苦役이 다시없을 것이다. 땡볕에 논을 맨다, 김을 맨다, 혹은 비 한 방울에 갈

급渴急이 나서 눈 감고 꿈에까지 천기天氣를 엿본다. 그러나 어떻게 해서라도 농작물農作物만 잘 되고 추수秋收 때 소득所得만 여의하다면이야 문제 있으랴!

가을은 농촌農村의 유일唯一한 명절名節이다. 그와 동시에 여러 위협과 굴욕을 겪고 나는 한 역경逆境이다. 말하자면 그들은 지주地主와 빚쟁이에게 수확물收穫物로 주고 다시 한겨울을 염려念慮하기 위하여 한 해 동안 땀을 흘렸는지도 모른다.

여기에서 한 번 분발憤發한 것이 즉 들병이 생활生活이다.

들병이가 되면 밥은 식성食性대로 먹을 수 있다는 것과 또는 그 준비에 돈 한 푼 안 든다는 이것에 그들은 매혹魅惑된다. 아내의 얼굴이 수색秀色이면 더욱 좋다.

그렇지 않더라도 농촌에서 항상恒常 유행流行하는 가요歌謠나 몇 마디 반반히 가르치면 된다.

남편은 아내를 데리고 앉아서 소리를 가르친다. 낮에는 물론 벌어야 먹으니까 그럴 여가餘暇가 없고 밤에 들어와서는 아내를 가르친다. 재주才操 없으면 몇 달도 걸리고 총명聰明하다면 한 달포 만에 끝이 난다. 아리랑으로부터 양산도, 방아타령, 신고산타령에 배따라기…… 그러나 게다 이 풍진 세상世上을 만났으니 나의 희망希望을 부르면 더욱 시세가 좋을 것이다.

이러면 그때에는 남편이 데리고 나가서 먹으면 된다. 그들이 소리를 가르친다는 것은 예술가적 명창藝術家的名唱이 아니었다. 개 끄는 소리라도 먹을 수 있을 만치 세련洗鍊되면 그만이다.

아내의 등에 자식을 업혀 가지고 이렇게 남편이 데리고 나간다. 산을 넘어도 좋고 강을 몇씩 건너도 좋다. 밥 있는 곳이면 산골이고 버덩을 불구不拘하고 발길 닿는 대로 유랑流浪하는 것이다.

이것을 다른 데 예例를 잡으면 애급埃及의 '집시 — 유랑민流浪民'적 존재存在다.

한창 낙엽落葉이 질 때이면 추수秋收는 끝이 난다. 그리고 궁窮하던 농촌에도 방방곡곡이 두둑한 볏섬이 늘어 놓인다.

들병이는 이때로부터 자연적 활동自然的活動을 시작始作한다. 마치 그것은 볏섬을 습격襲擊하는 참새들의 행동行動과 동일시同一視하여도 좋다. 다만 한 가지 차이라면 참새는 당장當場의 충복充腹이 목적이로되 그들은 포식 이외飽食以外에 그 다음 해 여름의 생활까지 지탱支撑해 나갈

연명자료延命資料가 필요하다. 왜냐면 농가의 봄, 여름이란 가장 궁할 때이요 따라 들병이들의 큰 공황기恐慌期다.

이리하여 가을에 그들은 결사적으로 영업을 개시한다. 영업이라야 적수공방赤手空拳으로 유랑하며 아무 술집에고 유숙留宿하면 그뿐이지만.

촌村의 술집에서는 어데고 들병이를 환영한다. 아무개 집에 들병이 들었다 하면 그날 밤으로 젊은 축들은 몰려든다. 소리 조금만 먼저 해보라는 놈, 통성명만으로 낼밤의 밀회密會를 약속約束하는 놈, 혹은 데리고 철야徹夜하는 놈…… 하여튼 음산陰散하던 술집이 이렇게 담박 활기活氣를 띠인다.

술집 주인으로 보면 두 가지의 이득利得을 보는 것이다. 들병이에게 술을 팔고 밥을 팔고.

들병이가 보통 작부普通酌婦와 같은 점이 여기다. 그들은 남의 술을 팔고 보수報酬를 바라는 것이 아니라 주막주인酒幕主人에게 막걸리를 됫술로 사면 팔 때에는 잔술로 환산換算한다. 막걸리 한 되의 원가原價가 가령 십칠 전이라면 그것을 이십여 전에 맡는다. 그리고 손님에게 잔으로 풀어 열 잔이 낫다 치고 오십 전, 다시 말하면 탁주일승濁酒一升의 순이익純利益이 삼십 전이라 할 것이다.

그러나 한 잔에 반드시 오 전씩만 받겠다는 선언宣言은 없다. 십 전도 좋고 이십 전도 좋다. 주객酒客의 처분대로 이쪽에서는 받기만 하면 된다. 그럴 리야 없겠지만 한 잔에 일 원씩을 설사 쳐준다 해도 결코 마다치는 않는다. 다만 그 대신 객의 소청所請이면 무엇을 물론하고 응락할 만한 호의만 가질 것이다.

들병이는 무엇보다도 들병이로서의 수완手腕이 있어야 된다. 술 팔고 안주로 아리랑 타령打令만 하면 되는 것이 아니다. 아리랑쯤이면 농군들은 물릴 만치 들었고 또 하기도 선수다. 그 아리랑을 들으러 삼사십 전의 대금을 낭비濫費하는 농군이 아니었다. 술 몇 잔 사먹으면 의례히 딴 안주까지 강요하는 것이다. 또 그것이 여러 번 거듭하는 동안에 아예 한 개個의 완전한 권리로서 행사케 된다.

만약 들병이가 여기에 응치 않는다면 그건 큰 실례다. 안주를 덜 받은데 그들은 담박 분개憤慨하야 대들지도 모른다. 혹은 지불하였던 술값을 도로 내라고 협박할는지도 모른다.

이런 소박한 농군들을 상대로 생활하는 들병이라 그 수단도 서울의 작부酌婦들과는 색채를 달리한다. 말하자면 작부들의 애교는 임시변통臨時變通으로도 족하나 그러나 들병이는 끈끈한 사랑 즉 사랑의 지속성을 요한다. 왜냐면 밤마다 오는 놈들이 거의 동시에 몰려들기 때문에 일정한 추파秋波를 보류치 않으면 당장에 권비백산拳飛魄散의 수라장修羅場이 되기가 쉽다.

들병이가 될랴면 이런 화근을 없애도록 첫째 눈치가 빨라야 할 것이다. 그러나 그렇다고 현금으로 청구해서는 또한 실례가 될는지도 모른다. 보통 외상이므로 떠날 때쯤 해야 집으로 찾아다니며 쌀이고 벼고 콩팥, 조, 이런 곡식을 되는 대로 수합收合함이 옳을 것이다.

그리고 두 내외 짊어지고 그담 마을로 찾아간다.

들병이를 객관적으로 평가하야 빈궁한 농민들을 잠식蠶食하는 한 독충毒蟲이라 할는지도 모른다. 사실 들병이와 관련되어 발생하는 춘사椿事가 비일비재非一非再다. 풍기문란風紀紊亂은 고사하고 유혹, 사기, 도난, 폭행 — 주재소駐在所에서 보는 대로 축출을 명령하는 그 이유도 여기에 있을 것이다.

그러나 이것은 일면만을 관찰한 편견에 지나지 않는다. 들병이에게는 그 해독을 보가報價하고도 남을 큰 기능이 있을 것이다.

시골의 총각들이 취처娶妻를 한다는 것은 실로 용이한

일이 아니다. 결혼 당일의 비용은 말고 우선 선채금先綵金을 조달하기가 어렵다. 적어도 사오십 원의 현금이 아니면 매혼시장에 출마할 자격부터 없는 것이다. 이에 늙은 총각은 삼사 년간 머슴살이 고역에 부득이 감내한다.

그리고 한편 그들의 후일의 가정을 가질만한 부양능력이 있느냐 하면 그것도 한 의문이다. 현재 처자와 동락하는 자로도 졸지에 이별되는 경우가 없지 않다. 모든 사정은 이렇게 그들로 하야금 독신자獨身者의 생활을 강요하고 따라서 정열의 포만상태飽滿狀態를 초래한다. 이것을 주기적으로 조절하는 완화작용緩和作用이 즉 들병이의 역할이라 하겠다.

들병이가 동리에 들었다, 소문만 나면 그들은 시각으로 몰려들어 인사를 청한다. 기실 인사가 목적이 아니라 우선 안면만 익혀두자는 심산이었다. 들병이의 용모容貌가 출중나다든가, 혹은 성악이 탁월하다든가 하는 것은 그리 문제가 못 된다. 유두분면油頭粉面에 비녀쪽 하나만 달리면 이런 경우에는 그대로 통과한다. 년래의 숙원을 성취시키기 위하야 그 호기를 감축할 뿐이다.

들병이가 들면 그날 밤부터 동리의 청년들은 떼난봉이 난다. 그렇다고 무모히 산재를 한다든가 탈선은 아니한다. 아무쪼록 염가廉價로 향락하도록 청구하는 것이 그들의 버릇이다. 여섯이고 몇이고 작당하고 추렴出斂을 모여 술을 먹는다. 한 사람이 오십 전씩을 낸다면 도합 삼 원, 그 삼 원을 가지고 제각기 삼 원어치 권세를 표방하며 거기에 부수되는 염태艷態를 요구한다. 만약 들병이가 이 가치를 무시한다든가, 혹은 공평치 못한 애욕남비愛慾濫費가 있다든가, 하는 때에는 담박 분란이 일어난다. 다 같이 돈은 냈는데 어째서 나만 떼놓느냐, 하고 시비조로 덤비면 큰 두통거릴 뿐만 아니라 돈 못 받고 따귀만 털리는 봉변도 없지 않다. 하니까 들병이는 이 여섯 친구를 동시에 무마하며 삼 원어치 대접을 무사공정히 하는 것이 한 비결일지도 모른다.

이렇게 결산하면 내긴 오십 전을 냈으되 그 효용가치는 무려 십팔 원에 달하는 심이었다. 이런 좋은 기회를 바라고 농군들은 들병이의 심방을 저윽이 고대하는 것이다.

그러나 들병이로 보면 빈농들만 상대로 하고 있는 것도 아니다. 때로는 지주댁 사랑에서 청할 적도 있다. 그러면 들병이는 항아리나 병에 술을 넣어 가지고 찾아간다. 들병이가 큰돈을 잡는 것은 역시 이런 부자집 사랑이다. 그리고 들병이라는 명칭도 이런 영업수단에서 추상抽象된 형용사일지도 모른다.

일반 농촌부녀들이 들병이를 갈망渴望과 시기猜忌로 바라보는 까닭도 여기에 있다. 자기네들은 먹지도 잘못하거니와 의복 하나 변변히 얻어 입지 못한다. 양반댁 사랑에 기탄없이 출입하며 먹고 입고 또는 며칠 밤 유숙하다 나오면 지전장을 만져보니 얼마나 행복幸福이랴.

들병이가 들면 남자뿐 아니라 아낙네까지 수군거리며 마을에 묘한 분위기가 떠돈다.

들병이를 처음 만나면 우선 남편이 있느냐고 묻는 것이 술꾼의 상투적常套的 인사다. 그러면 그 대답은 대개 전일에는 금슬琴瑟이 좋았으나 생활난으로 말미암아 이혼했다 한다.

들병이는 남편이 없다는 이것이 유일의 자본이다. 부부생활이 얼마나 무미건조無味乾燥하였든가를 역력히 해몽함으로써 그들은 술꾼을 매혹魅惑케 한다.

그러나 들병이에게는 언제나 남편이 수행하고 있는 것이다. 아내가 술을 팔고 있으면 남편은 그 근처에서 배회徘徊하고 있다.

들병이의 남편이라면 흔히 도박자賭博者요 불량하기로 정평이 났다. 그들은 아내의 밥을 무위도식無爲徒食하며 일종의 우월권을 주장한다. 아내가 돈을 벌어 놓으면 가끔 달려들어 압수하여 간다. 그리고 그걸로 투전상闘賤霜을 한다, 술을 먹는다, 이렇게 명색 없이 소비되고 만다.

그러나 아내는 이에 불평을 품거나 남편을 힐책詰責하지 않는다. 이러는 것이 남편의 권리요 또는 아내의 직무로 안다. 하기야 노름에 일확천금一攫千金하면 남편뿐이 아니라 아내도 호사豪奢로운 생활을 가질 수 있다. 잡담 제하고 노름 밑천이나 대주는 것도 두량斗量 있는 일인지도 모른다.

들병이로 나서면 주객접대도 힘들거니와 첫째 남편공양이 더 난사難事다. 밥만 먹일 뿐 아니라 옷 뒤도 걷어야 된다. 술 팔기에 밤도 새우지만 낮에는 빨래를 하고 옷을 꼬여 매고 그래야 입을 것이다. 게다 젖먹이나 달리면 강보襁褓도 늘 빨아대야 하는 것을 잊어서는 안 된다.

그러나 그것만도 좋다. 엄동설한嚴冬雪寒에 태중으로 나섰다가 산기가 있을 때에는 좀 곡경曲境이다. 술을 팔다 말고 술상 앞에서 해산하는 수밖에 별도리 없다. 물론 아무 준비가 있을 까닭이 없다. 까칠한 공석 위에서 떨고 떨고 있을 뿐이다. 들병이 수업 중 그 중 어렵다면 이것이겠다.

이런 때이면 남편은 비로소 아내에게 밥값을 보답한다.

희색이 만면해서 방에 불을 지피고 밥을 짓고 국을 끓이고 지성으로 보호한다. 남편은 이 아해가 자기의 자식이라고는 믿지 않는다. 다만 자기 소유에 속하는 자식이라는 그 점에 만족할 뿐이다.

상식으로 보면 이런 아해가 제대로 명을 부지扶持할 것 같지 않다마는 들병이의 자식인만치 무병하고 죽음과 인연이 먼 아해는 다시없을 것이다. 한 칠일만 겨우 지나면 눈보라에 떨쳐 업고 방랑放浪의 길로 나선다.

들병이가 아해를 데리고 다니는 것은 기이한 현상이 아니다. 대개 하나씩은 그 품에 붙어 다닌다. 고생스런 노동에도 불구하고 자식만은 극진히 보육하는 것이다.

그러나 누가 그들을 동정하야 아해를 데리고 다니기가 곤란일 테니 길러주마 한다면 그들은 노할지도 모른다. 이것은 고생이 아니라 생활취미다.

그러다가도 춘궁 때가 돌아오면 들병이는 전혀 한가롭다. 그들은 고향으로 돌아가 옛집에 칩거蟄居한다. 품을 팔아먹어도 좋고 땅을 파도 좋다. 하여튼 다시 농민생활로 귀화하는 것이다.

그리고 그담 가을을 기다린다.

들병이는 어디로 판단하든 물론 정당한 노동자이다. 그

러나 때로는 불법행위가 없는 것도 아니다. 그런 때에도 우리는 증오감憎惡感을 갖기보다는 일종의 애교愛嬌를 느끼게 된다. 왜냐면 그 법식이 너무 단순하고 솔직하고 무기교라 해학미諧謔味가 따르기 때문이다.

예를 들면 남편이 간혹 야심하야 아내의 처소를 습격襲擊하는 경우가 있다. 이때에는 방에 들어가 등잔의 불을 대려놓고 한구석에 묵묵히 앉았다. 강박하거나 공갈은 안 한다. 들병이니까 그럴 염치는 하기야, 없기도 하거니와 — 얼마 후에야 남편은 겨우 뒤통수를 긁으며,

"머릴 깎아야 할 텐데."

이렇게 이발료理髮料가 없음을 장탄하리라.

그러면 이것이 들병이의 남편임을 비몽사몽간 깨닫게 된다. 실상은 죄가 못되나 순박한 농군이라 남편이라는 위력에 압도되어 대경실색大驚失色하는 것이 항례다. 그러나 놀랄 건 없고 몇 십 전 희사喜捨하면 그뿐이다. 만일 현금이 없을 때에는 내일 아침 집으로 오라 하여도 좋다. 그러면 남편은 무언으로 그 자리를 사양하되 아무 주저躊躇도 없으리라. 여기에 들병이 남편으로서의 독특한 예의가 있는 것이다. 절대로 현장을 교란攪亂하거나 가해하는 행동은 안한다.

들병이에게 유혹되어 절도를 범하는 일이 흔히 있다. 기십 원의 생활비만 변통하면 너와 영구히 동거하겠다는 감언이설甘言利說에 대개 혹하는 것이다. 그들은 들병이를 도락적 대상으로써가 아니라 아내로서의 애정을 요망한다. 늙은 홀애비가 묘령妙齡 들병이를 연모하야 남의 송아지를 끌어냈다든가, 머슴이 주인의 벼를 퍼냈다든가, 이런 범행이 빈번頻繁하다.

들병이가 내왕하면 그들 사이에는 암암리의 경쟁이 시작된다. 서로 들병이를 독점하기 위하야 가진 방법으로 그 환심을 매수한다. 데리고 가서 국수를 먹이고, 닭을 먹이고, 혹은 감자도 구어다 선사한다. 그러나 좀 현명하면 약간의 막걸리로 그 남편을 수의隨意로 이용하야도 좋을 것이다.

들병이가 될랴면 이런 자분의 추세를 민감으로 파악하여야 할 것이다. 소리는 졸렬할지라도 이 수단만 능숙하다면 호구糊口 무난無難일 게다. 그리고 남편은 배후에서 아내를 물론 지휘조종指揮操縱하며 간접적으로 주객을 연락하여야 된다. 아내는 근육으로 남편은 지혜로, 이렇게 공동전선을 치고 생존경쟁에 처한다.

들병이는 술값으로 곡물도 받는다고 전술하였다. 그러나 사실은 곡물뿐만 아니라 간혹 가장집물家藏什物에까지 이를 경우도 없지 않다. 식기, 침구, 의복류 — 생활상 필수품이면 구태여 흑백을 가리지 않는다.

　들병이에게 철저히 열광되면 그들 부부 틈에 끼어 같이 표박漂泊하는 친구도 있다. 이별은 아깝고, 동거는 어렵고, 그런 이유로 결국 한 예찬자로서 추종하는 고행이었다. 이런 때에는 들병이의 남편도 이 연애지상주의자의 정성을 박대하지는 않는다. 의誼 좋게 동행하며 심복같이 잔심부름이나 시켜 먹고 한다. 이렇게 되면 누가 본 남편인지 분간하기 어렵고 자칫하면 종말에 주객이 전도되는 상외想外의 사변도 없는 것이 아니다.

어떠한 부인을 맞이할까

나는 숙명적宿命的으로 사람을 싫어합니다. 다시 말하면 두려워한다는 것이 좀 더 적절할는지 모릅니다. 늘 주위의 인물을 경계警戒하는 버릇이 있습니다. 그 버릇이 결국에는 말 없는 우울憂鬱을 낳습니다.

그리고 똑같이 우울한 그리고 나와 똑같이 피를 토하는 그런 여성이 있다면 한번 만나고 싶습니다. 나는 그를 한없이 존경하겠습니다. 왜냐하면 나는 내 자신이 무언가를 그 여성에게 배울 수 있으리라고 기대하기 때문입니다.

이렇게 되면 이건 연애가 아닐지도 모릅니다. 단순히 서로 이해할 수 있는 한 동무라 하겠습니다. 마는 다시 생각컨대 이성異性의 애정이란 여기에서 비로소 출발하는 것이 아닐까 합니다.

그리고 나에게 그런 특권이 있다면 나는 그를 사랑하겠습니다. 결혼까지 이르게 된다면 더욱 감축할 일입니다. 그러면 그 담에는,

이 몸이 죽어져서 무엇이 될고하니
봉래산蓬萊山 제일봉第一峰에 낙락장송落落長松 되었다가
백설白雪이 만건곤滿乾坤할 제 독야청청獨也靑靑하리라

그 봉래산 제일봉이 어델는지. 그 위에 초가삼간草家三間 집을 짓고 한번 살아보고 싶습니다. 많이도 바라지 않습니다. 단 사흘만 깨끗이 살아보고 싶습니다.

그러나 한 가지 큰 의문입니다. 서로 사람을 싫어하는 사람끼리 모이어 결혼생활結婚生活이 될는지 모릅니다. 만일 안 된다면 안 되는 그대로 좋습니다.

전차電車가 희극喜劇을 낳아

　　　　　　　　　　첫여름 밤의 해맑은 바람이
란 그 청각聽覺이 극히 육욕적肉慾的이다. 그러므로 가끔 가
다가는 우리가 뜻하지 않았던 그런 이상스러운 작란作亂까
지 할 적이 있다.

　청량리역에서 동대문으로 향하야 들어오는 전차선로電
車線路 양편으로는 논밭이 늘여놓인 피언한 버덩으로 밤이
들면 얼뜬 시골을 연상케 할 만치 한가로운 지대다. 더욱
이 오후 열한 점을 넘게 되면 자전차나 거름구루마 혹은
어쩌다 되는 대로 취하야 비틀거리는 주정꾼酒酊軍 외에는
인적人跡이 끊어지게 된다.

　퀭하게 터진 평야는 그대로 암흑에 잠기고 보는 사람으

로 하여금 허전한 고적을 느끼게 한다. 그리고 어디서부터 불어오는지 나긋나긋한 바람이 연軟한 녹엽綠葉을 쓸어가며 옷깃으로 스며드는 것이다.

이런 배경에서 마치 자다가 눈부신 사람 모양으로 꾸물거리며 빈 전차가 오르내린다. 왜냐면 기차시간 때나 또는 손님이 많은 때라면 물론 승객으로 차복車腹이 터질 지경이나 그렇지 않고 이렇게 늦어서는 대개가 공차空車다. 이 공차가 운전수 차장 두 사람을 시도 볼일 없이 왔다갔다하는 것이다.

전차도 중앙지의 그것과 대면 모형도 구식이려니와 그 동작조차 지배를 여실히 받는다. 허나 전차가 느린 것이 아니라 실상은 그 놈을 속에서 조종操縱하는 운전수가 하품을 하기에 볼일을 못 본다. 그뿐 아니라 자칫하면 숫제 눈을 감고는 기계가 기계를 붙잡고 섰는 그런 병괘病卦까지 있는 것이다. 그러면 차장은 뒤칸에서 운전수 보이지 않게 경쟁적競爭的으로 졸고 섰는 것이 통례通例다.

내가 말하는 그 차장도 역시 팔짱을 딱 지르고 서서는 한창 졸고 있었다.

새벽부터 줄창같이,

"표 찍읍쇼 —"

"표 안 찍으신 분 표 찍읍쇼 —"

이렇게 다년간 하여 오든 똑같은 소리를 질러가며 돌아다니기에 인둘리어 정신이 얼떨떨했을 게다. 게다가 솔솔 바람에 뺨이 스치고 봄에는 압축되었던 피로疲勞가 고만 오짝 피어올랐을지도 모른다. 차가 뚤뚤 뚤뚤 가다가 우뚝 서면 그는 눈도 뜨지 않고 신호줄만 흔드는 이골 난 차장이었다. 하기야 동대문으로 향하야 올라가는 종차이니까 얼른 차고車庫에 부려놓고 집으로 가면 고만이다.

영도사永導寺 어귀 정류장에 다다랐을 때 여전히 졸면서 발차신호發車信號를 하자니까,

"여보! 사람인데요?"

하고 뽀로진 소리를 내지르는 사람이 있다. 여기에는 맑은 정신이 안 날 수 없었는지 다시 차를 세놓고 돌아보니 깡뚱한 머리에 댕기를 들인 열칠팔 되어 보이는 여학생이 허둥지둥 뛰어오른다. 그리고 금년에 처음 입학한 듯싶은 사각모자에 말쑥한 세루 양복을 입은 청년이 뒤따라 올라온다.

그들은 앉을 생각도 안하고 손잡이에 맞붙어 서서는 소군소군하다가 한 번은 예약이나 한 듯이 서루 뻥긋 웃어 보이고는 다시 소군거리기 시작한다. 이걸 보면 남매나

무슨 친척이 되지 않는 것만은 확실하였다. 다만 젊은 남녀가 으슥한 교외로 산책하며 여지껏 자미滋味스러운 이야기를 맘껏 지껄였으나 그래도 더 남았는지 조금 뒤에 헤어질 것이 퍽 애석哀惜한 모양이었다.

그러나 차장에게는 그 사정쯤 알 것이 없고 도리어 방해자妨害者에게 일종의 반감을 느끼면서 콘토라통에 기대어 다시 졸기로 하였다. 그리고 머리속에는 이따 냉면 한그릇 먹고 가서 푹신한 자기의 침구 위에 늘어지리라는 그런 생각이 막연히 떠오를 뿐이었다.

신설리新設里 근방을 지났을 때까지도 차장은 끄떡거리기에 여념餘念이 없었다.

"표 찍어주서요 —"

"여보서요! 이 표 안 찍어줘요?"

색시가 돈을 내대고 이렇게 요구를 하였으나 그래도 차장車掌은 눈 하나 떠볼랴지 않으므로,

"아니 여보! 표 안 찍우!"

이번에는 사각모자가 무색해진 색시의 체면을 세우기 위하야 위엄威嚴 있는 어조로 불렀으나 그래도 역 반응이 없다.

"표는 안 찍구 졸고만 있으면 어떻게?"

"어제밤은 새웠나?"

"고만두구려 이따 그냥 나리지 —"

그들은 약간 헤진 자존심을 느끼면서 이렇게들 뚜덜거리지 않을 수 없었다.

차장은 비록 눈은 감고 졸고 있었다 하더라도 이런 귀거친 소리는 다 들을 수 있었다. 그의 생각에는 표 찍을 때 되면 어련히 찍을랴구 저렇게 발광들인가 속으로 썩 괘씸하였다. 몸이 날척지근하여 움직이기도 싫거니와 한편 승객의 애 좀 키우느라고 의식적으로 표를 찍어주지 않았다.

그러나 색시가 골을 내가지고,

"돈 받아요!"

거반 악을 쓰다시피 하는 데는 비위脾胃가 상해서라도 그냥 더 참을 수가 없었다. 그리고 그들도 이때 표만 찍어받지 않았더라면 아무 봉변逢變도 없었을지 모른다.

차장이 어실렁어실렁 들어와서 하품을 한번 터치고는,

"어디로 가십니까?"

"종로로 가요. 문안차 안직 끊어지지 않았지요?"

"네 안직 멀었습니다."

그리고 2구표二區票 두 장과 돈을 거슬러준 다음 돈가

방을 등 뒤로 슬쩍 제쳐 메고 차장대로 나올랴 할 때이다.

손잡이에 의지하야 섰던 색시가 별안간瞥眼間,

"아야!"

비명을 내지르더니 목에 끌리는 송아지 모양으로 차장에게 고개가 딸려가는 것이 아닌가. 사각모는 이 의외의 돌발사突發事에 눈이 휘둥그레서 저도 같이 소리를 질러야 좋을지 어떨지 그것조차 모르는 모양이었다. 꿀 먹은 벙어리처럼 덤덤히 서서는 색시와 차장을 번갈아 보고 있을 뿐이다. 왜냐면 어쩌다 그렇게 되었는지 차장의 돈가방이 교묘하게도 색시 댕기의 한 끝을 물고 잡아챈 까닭이었다.

색시는 금세 안색顔色을 변해 가지고 어리둥절하야 돌아섰는 차장에게,

"이런 무례한……"

이렇게 독설을 놀릴랴 하였으나 고만 말문이 콱 막힌다. 이것은 너무도 도를 넘는 실례이라 호령도 제대로 나오지를 못하고 결국 주저주저하다가,

"남의 머리를 채는 법이 어디 있어요?"

"잘못 됐습니다. 그런데 나도 모르는 길에 그렇게 됐습니다."

"모르긴요!"

하고 색시는 무안한 생각 분한 생각에 눈에 눈물까지 핑 그르 돌며,

"몰랐으면 어떻게 댕기가 가방 틈으로 들어가요?"

"몰랐길래 그렇게 됐지요 알았다면 당신께서라도 그때 뽑아냈을 게 아닙니까? 그리고 또 잡아채면 손으로 잡아채이지 왜 가방이 물어 차게 합니까?"

차장은 표표漂漂히 서서 여일如一같이 변명하였다. 따는 돈가방이 물어대렸지 결코 손으로 잡아대린 건 아니니까 조금도 꿀릴 데가 없다.

이렇게 차장과 승객이 옥신각신하는 서슬에 전차도 딱 서서는 움직이길 주저하였다. 운전수도 졸렵든 차에 심심파적으로 돌아서서는 재미로운 이 광경을 이윽히 바라보고 있는 것이다.

이때 처지가 몹시 곤란한 것은 사각모였다.

연인이 모욕을 당하였을 때에는 목이라도 비여 내놓고 대들려는 것이 젊은 청년의 열정이겠다. 마는 이 청년은 그럴 혈기도 보이지 않거니와 차장과 시비를 하다가 파출소派出所에까지 가게 된다면 학생의 신분이 깎일 것을 도리어 우려하는 모양이었다. 색시가 꺾인 자존심을 수습하

기 위한 단 하나의 선후책으로 전차가 동대문까지 도착하기 전에 본권本券과 승환권承換券을 한꺼번에 차장에게로 내팽개치고,

"나 나릴 테야요. 차 세주서요."

그리고 쾌쾌히 내려올 제 사각모도 표표히 따라 내려와서는,

"에이 참! 별일두 다 많어이!"

하고 겨우 땅에 침을 배앝았다.

이것이 어떤 운전수가 나에게 들려준 한 실담實談이었다. 그는 날더러 그러니 아예 차장을 업신여기지 말라 하고,

"아 망할 놈 아주 심술궂은 놈이 아니야요?"

하고 껄껄 웃는 것이다.

그러나 나는 생각컨대 그 행동이 단순히 심술궂은 데서만 나온 것이 아닐 듯싶다. 물론 저는 새벽부터 밤중까지 시달리는 몸으로 교외로 산보를 할 수 있는 젊은 남녀를 볼 때 시기猜忌가 전혀 없을 것도 아니요 또는 표 찍고 종 치고 졸고 이렇게 감정을 조절할 길이 없을 것이다. 허지만 그보다 더 큰 이유를 찾는다면 그것은 이성에 대한

동경과 애정의 발로일는지도 모른다. 누군 말하되 사랑이 따르지 않는 곳에는 결코 참된 미움이 성립되지 못한다 하였다. 그럼 이것이 그 철리를 증명하는 한 개의 호례好例이리라.

여기에서 차장이 그 색시에게 욕을 보이기 위하야 그런 흉계를 꾸몄다 하는 것은 조금도 해당치 않은 추측이다.

말하자면 첫여름 밤 전차가 바람을 맞았다, 하는 것이 좀 더 적절한 표현일는지 모른다.

강원도江原道 여성女性

아리랑 아리랑 아라리요
아리랑 띠어라 노다 가게
강원도 금강산 일만이천봉,
팔만구암자, 재재봉봉에
아들 딸 날라고 백일기도두 말게요,
타관객리 나선 손님을 괄세두 마라.

　　　　　　이것은 강원도 아리랑의 일
절입니다.
　여기에서 우리는 우선 그 땅의 냄새를 맡을 수 있으리
라 생각합니다.

산천이 수려秀麗하고 험준險峻하니만치 얼뜬 성내인 범을 연상하기가 쉽습니다. 마는 기실 극히 엄정하고 유창한 풍경입니다. 우리가 건실한 시인의 시를 읽는 거와 같이 그렇게 아련하고 정다운 풍경입니다. 멀직멀직이 내뻗은 표표漂漂한 산맥이며, 그 앞을 빙글뱅글 휘돌아 내리는 맑은 냇물이 곱고도 정숙한 정조를 빚어 놉니다.

배경이 이러므로 그 속에 묻혀진 생활 역 나른한 그리고 아리잠직한 분위기가 떠돕니다. 첩첩이 둘러싼 산록山麓에 가 여기 집 몇 채, 그리고 그 바닥에서 오고가고 먹고 사는 그 생활동정이 마치 한 폭 그림을 보는 것 같습니다.

이래도 잘 모르실 듯싶으면 오뉴월 염천炎天에 늘어지게 밭 갈고 있는, 황소뿔에 가 졸고 앉았는 왕파리를 잠깐 생각하십시오.

강원도의 여성, 하면 곧 이 가운데서 밥 짓고, 애기 낳고, 물 긷고 하는 그 아낙네의 말입니다.

여기에 또 이런 노래가 있습니다.

논밭전토田土 쓸 만한 건 기름방울이 두둥실.
계집애 쓸 만한 건 직조간만 간다네.

교통이 불편하면 할수록 문화의 손이 감히 뻗지를 못합니다. 그리고 문화의 손에 농락되지 않는 곳에는 생활의 과장이라든가 또는 허식이라든가, 이런 유령이 감히 나타나질 못합니다.

  뿐만 아니라 타고난 그 인물까지도 오묘한 기교니 근대식 화장이니, 뭐니 하는 인공적 협잡挾雜이 전혀 없습니다. 선천적으로 타고난 그대로 툽툽하고도 질긴 동갈색銅褐色 바닥에 가 근실한 이목구비耳目口鼻가 번듯번듯이 서루 의좋게 놓였습니다.

  다시 말씀하면 싱싱하고도 실팍한 원시적 인물입니다.

  아하, 그럼 죽통에 틀어박은 도야지 상이 아니냐고 의심하실 분이 계실지 모릅니다. 허나 그것은 엄청나게 잘못된 생각입니다. 일색이란 결코 퇴폐기적頹廢期的 심신으로 기함氣陷한 중병환자의 용모가 아닌 동시에 근대 미용술과 거리가 멀다고 곧 잡아 추물醜物이라 할 건 아닙니다. 그럴래서는 어느 여성이고 미용사의 손에서 농간弄奸을 좀 당하고, 그리고 한 달포 동안 지긋이 굶어보십시오. 어렵지 않게 안색이 창백해지고 몸매가 날씬한 것이 바람만 건듯 불면 고대로 호록 날을 듯한 미인이 될 게 아닙니까.

  그러나 이 땅의 아낙네가 가진 그것은 유현幽玄한 자연

미랄까 혹은 천래무봉天來無縫의 순진미純眞美라 하는 것이 옳을 듯합니다.

외양이란 대개 그 성격을 반영하나 봅니다. 그들의 생활에는 허영이라는 사가 일절 없습니다. 개명한 사람의 처신법과 같이 뚫어진 발꿈치를 붉은 낯이 치마 끝으로 가린다든가, 혹은 한 자 뜯어볼 수 없는 외국서적을 옆에 끼고 그러잖아도 좋을 듯싶은 용기를 내러 큰 거리를 활보한다든가, 하는 이런 어려운 연극을 도시 모릅니다. 헤진 옷에 뚫어진 버선, 혹은 맨발로 찰떡찰떡 돌아다니며 어디 하나 끄릴 데 없는 무관한 표정입니다.

하기야 그들이라고 이런 작난作亂을 아주 모른대서야 억설이 되겠지요. 때로는 검붉은 얼굴에 분대기를 칠해서 마치 풀집 대문간에 광고로 매달린 풀바가지같이 된다든가, 허지 않으면 먼지가 켸켸 앉은 머리에 왜밀을 철떡거려서 우리 안의 도야지 궁둥이를 만든다든가, 이런 일이 더러 종종 있습니다. 허나 이걸 가지고 곧 허영에 들떴다고 보기는 좀 아깝습니다. 말씀하자면 어쩌다 이 산 속에 들어오는 버덩 사람이 그렇게 하니까 어찌 되나, 나두 한번 해보자는 호기심에서 더 지나지 않을 게입니다.

왜냐하면 그들은 갑갑한 산중에서만 생활하야 왔기 때

문에 언제나 널직한 버덩이 그립습니다.

아주까리 동백아 흐내지 마라
산골의 큰 애기 떼난봉 난다

동백꽃이 필라치면 한 겨울 동안 방에 갇혀있던 처녀들이 하나둘 나물을 나옵니다. 그러면 그들은 꾸미꾸미 외따른 곳에 한덩어리가 되어 쑥덕공론公論입니다. 혹은 저희끼리만 들을 만치 나직나직한 음성으로 노래를 부르기도 합니다. 그 노래라는 것이 대개 잘살고 못사는 건 내 분복이니 버덩의 서방님이 그립다는 이런 의미의 장탄입니다. 우리가 바닷가에 외로이 섰을 때 바다 너머 저편에는 까닭 없이 큰 기쁨이 있는 듯싶고, 다스러운 우정이 자기를 기다리는 것만 같아야 안타깝게도 대구 그립니다. 그와 마찬가지로 산골의 아낙네들은 넓은 버덩에는 그 무엇이 자기네를 기다리는 것만 같하야 그렇게도 동경憧憬하야 마지않는 것입니다.

네가두 날만치나 생각을 한다면
거리거리 로중에 열녀비가 슨다.

교양이라는 놈과 인연이 먼 만치 무뚝뚝한 그들에게는 예의가 알 배 없습니다. 우선 길을 가시다 구갈口渴이 나시거든 우물 두덩에서 물을 푸고 있는 아낙네에게 물 한 그릇을 청해 보십시오. 그는 고개도 돌려보는 법 없이 물 한 바가지 뚝 떠서 무심히 내댈 것입니다. 그건 그만두고 물을 다 자신 뒤에 고맙습니다, 인사하고 그 바가지를 도루 내놔보십시오. 역시 그는 아무 대답도 없이 바가지를 턱 받아 제물만 푸기가 쉽습니다.

　그렇다 하더라도 예의를 모르는 식충이라고 속단하셔서는 도리어 봉변하시고 맙니다. 입에 붙은 인사치레로만 간실간실 살아가는 간배奸輩에 비한다면 무뚝뚝하고 냉담하야 보이는 그들과 우리는 정이 들기가 쉬울 겝니다. 목마른 사람에게 물을 떠주고, 먹고, 하는 것은 의례히 또는 마땅히 있을 일, 그 무에가 고맙겠는가, 하는 그 태도입니다.

　그건 새로이 남편이 먼길에서 돌아와 보십시오. 그래도 인사 한마디 탐탁히 없는 그들입니다. 이럼쎄, 저럼쎄, 하는 되우 늘어진 그들의 언어와, 굼뜬 그 동작을 종합하야 보시면 어쩌면 생의 권태를 느낀 사람의 자타락自墮落으로 생각되기가 쉽습니다. 허나 그런 것이 아니라 도리어 생에 집착한 열정이 틀진 도량을 나이, 그것의 소치일지도 모릅니다. 일언이폐지一言以蔽之하고 다음의 노래가 소상히 증명하리라고 생각합니다.

네 팔자나 내 팔자나 잘 먹구 잘 입구 소라반자 미닫이 각장장판 샛별 같은 놋요강 온앙금침 잔모벼개에 깔구덮구 잠자기는 삶은 개다리 뒤틀리듯 뒤틀렸으니, 웅틀붕틀 멍석자리에 깊은 정이나 드리세 ―

수필-병상

나와 귀뚜라미

폐결핵肺結核에는 삼복더위가 끝없이 얄궂다. 산의 약초도 좋고 시원한 해변이 그립지 않은 것도 아니다. 절박切迫한 방구석에서 빈대에 뜯기고 땀을 쏟고 이렇게 하는 피서避暑는 그리 은혜로운 생활이 못된다. 야심하야 홀로 일어나 한참 쿨룩거릴 때이면 안집은 물론 벽 하나 격한 옆집에서 끙 하고 돌아 눕는 인기를 나는 가끔 들을 수 있다. 이 몸이길래 이 지경이라면 차라리 하고 때로는 딱한 생각도 하야 본다. 그러나 살고도 싶지 않지만 또한 죽고도 싶지 않은 그것이 즉 나의 오늘이다. 무조건하고 철이 바뀌기만 가을이 되기만 기다린다. 가을이 오면 밝은 낮보다 캄캄한 명상冥想의 밤이 귀엽다. 귀뚜라미가 노래를 읊을 제 창밖의 낙엽은 은은히 지고 그 밤은 나에게 극히 엄숙한 그리고 극히 고적孤寂한 순간을 가져온다. 신묘한 이 음률을 나는 잘 안다. 낯익은 처녀와 같이 들을 수 있다면 이것이 분명히 행복임을 나는 잘 알고 있다. 그러나 분수에 넘는 허영虛榮이려니. 이번 가을에는 귀뚜라미의 부르는 노래나 홀로 근청謹聽하며 나는 건강한 밤을 맞아보리라.

길

며칠 전 거리에서 우연히 한 청년을 만났다. 그는 나를 반기어 다방으로 끌어다놓고 이 이야기 저 이야기하던 끝에 돌연突然히 충고하야 가로되,

"병환이 그러시니만치 돌아가시기 전에 얼른 걸작傑作을 쓰셔야지요?"
하고 껄껄 웃는 것이다.

진정에서 우러나온 충고가 아니면 모욕을 느끼는 게 나의 버릇이었다.

나는 못 들은 척하고 옆에 놓인 얼음냉수를 들어 쭈욱 마시었다. 왜냐면 그는 귀여운 정도를 넘을 만치 그렇게

자만스러운 인물이다. 남을 충고함으로써 뒤로 자기 자신을 높이고 그리고 거기에서 어떤 만족을 느끼는 그런 종류의 청년이었던 까닭이다.

얼마 지난 뒤에야 나는 입을 열어 물론 나의 병이 졸연猝然히 날 것은 아니나 그러나 어쩌면 성한 그대보다 좀 더 오래 살는지 모른다. 그리고 성한 그대보다 좀 더 오래 살 수 있는 이것이 결국 나의 병일는지 모른다. 하고 그러니 그대도,

"아예 부주의 마시고 성실히 사시기 바랍니다."
하였다.

그러고 보니 유정裕貞이! 너도 어지간히 사람은 버렸구나. 이렇게 기운 없이 고개를 숙였을 때 무거운 고독과 아울러 슬픔이 등 위로 내려침을 알았다. 그러나 나는 아직 버리지 않았다.

작년昨年 봄 내가 달포를 두고 몹시 앓았을 때 의사를 찾아가니 그 말이 돌아오는 가을을 넘기기가 어렵다 하였다. 말하자면 요양을 잘한대도 위험하다는 눈치였다. 그러나 나는 술을 맘껏 먹었다. 연일 철야連日徹夜로 원고와 다투었다. 이리구도 그 가을을 무사히 넘기고 그담 가을 즉 올가을을 앞에 두고 이렇게 기다리고 있는 것이다. 과

학도 얼마만치 농담임을 알았다.

가만히 생각하면 나의 몸을 좌우할 수 있는 것은 다만 그 '길'이다. 그리고 그 '길'이래야 다만 나는 온순히 그 앞에 머리를 숙일 것이다.

요즘에 나는 헤매던 그 길을 바루 들었다. 다시 말하면 전일 잃은 줄로 알고 헤매고 있던 나는 요즘에 이르러서야 비로소 나를 위하야 따로이 한 길이 옆에 놓여 있음을 알았다. 그 길이 얼마나 멀는지 나는 그걸 모른다. 다만 한 가지 내가 그 길을 완전히 걷고 날 그날까지는 나의 몸과 생명生命이 결코 꺾임이 없을 걸 굳게 굳게 믿는 바이다.

행복幸福을 등진 정열情熱

인젠 여름도 갔다보다. 아침 저녁으로 제법 맑은 높새가 건들거리기 시작한다. 머지않아 가을은 올 것이다. 얼른 가을이 되어주기를 나는 여간 기다려지지 않는다. 가을은 마치 나에게 커다랗고 그리고 아름다운 그 무엇을 가져올 것만 같이 생각이 든다.

요즘에 나는 또 하나의 병이 늘었다. 지금 두 가지의 병을 앓으며 이렇게 철이 바뀌기만 무턱대고 기다리고 누워있다. 나는 바뀌는 절서節序에 가끔 속았다.

지난겨울만 하여도 얼른 봄이 되어주기를 그 얼마나 기

다리이었든가. 봄이 오면 날이 화창할 게고 보드라운 바람에 움이 트고 꽃도 피리라. 만물은 씩씩한 소생蘇生의 낙원으로 변할 것이다. 따라 나에게도 보드라운 그 무엇이 찾아와 무거운 이 우울을 씻겨줄 것만 같았다.

"오냐! 봄만 되거라."

"봄이 오면!"

나는 이렇게 혼잣소리를 하며 뻔찔 주먹을 굳게 쥐었다. 한번은 옆에 있던 한 동무가 수상스러워서 묻는 것이다.

"김형! 봄이 오면 뭐 큰 수나 생기십니까?"

"그럼이요!"

하고 나는 제법 토심스리 대답하였다. 내 자신 역 난데없는 그 수라는 것이 웬놈의 순지 영문도 모르련만. 그러자 봄은 되었다. 갑자기 변하는 일기로 말미암아 그런지 나는 매일같이 혈질血疾을 토하였다. 밤이면 불면증으로 시난고난 몸이 말랐다.

이렇게 병세가 점점 악화되어 갈 제 그 동무는 나를 딱하게 쳐다본다.

"김형! 봄이 되었는데 어째."

"글쎄요!"

이때 나의 대답은 너무도 무색하였다. 그는 나를 데리고 술집으로 가더니,

"인젠 그렇게 기다리지 마십시오. 그거 안 됩니다."
하고 넘겨짚는 소리로 낯에 조소嘲笑를 띠는 것이다. 허나 그는 설마 나를 비웃지는 않았으리라. 왜냐면 그도 또한 바뀌는 철만 기다리는 사람의 하나임을 나는 잘 안다. 그는 수재의 시인이었다. 거칠어진 나의 몸에서 그의 자신을 비로소 깨닫고 그리고 역정스리 웃었는지도 모른다.

바뀌는 철만 기다리는 마음 그것은 분명히 우울의 연장이다. 지척咫尺에 님 두고 못 보는 마음 거기에나 비할는지. 안타깝고 겁겁한 희망으로 가는 날짜를 부지런히 손꼽아 본다. 그러나 정작 제 철이 닥쳐오면 덜컥하고 고만 낙심하고 마는 것이다.

행복의 본질은 믿음에 있으리라. 속으면서 그래도 믿는, 이것이 어쩌면 행복의 하날지도 모른다.

사실인즉 나는 그 행복과 인연을 끊은 지 이미 오랬다. 지금에 내가 살고 있는 것은 결코 그것 때문이 아니다. 말하자면 행복과 등진 열정에서 삐쳐난 생활이라 하

는 게 옳을는지.

그러나 가을이 어서 오너라.

이번에 가을이 오면 그는 나를 찾아주려나. 그는 반드시 나를 찾아주려니, 되지 않을 걸 이렇게 혼자 자꾸만 우기며 나는 철이 바뀌기만 까맣게 기다린다.

밤이 조금만 짧았더면

허공에 둥실 높이 떠올라 중심을 잃은 몸이 삐끗할 제, 정신이 고만 아찔하야 눈을 떠 보니, 이것도 꿈이랄지. 어수산란散亂한 환각이 눈앞에 그대로 남아 아마도 그 동안에 좀 든 듯싶고, 지루한 보조로 고작 두 점 오 분에서 머뭇거리던 괘종掛鐘이 그 사이에 십오 분을 돌아 두 점 십이 분을 가리킨다. 요 바닥을 얼러 몸을 적시고 흔근히 내솟은, 귀죽죽한 도한盜汗을 등으로 느끼고는 고 옆으로 자리를 좀 비켜눕고저 끙, 하고 두 팔로 상체를 떠들어보다 상체만이 들리지 않을 뿐 아니라 예리한 칼날이 하복부로 저미어 드는 듯이 무되게 처뻗는 진통으로 말미암아, 이를 꽉 깨물고는 도루 그 자리에 가만히 누워버린다. 그래도 이 역경逆境에서 나를 구할 수 있는 것이 수면일 듯싶어, 다시 눈을 지긋이 감아 보았으나, 그러나 발치에 걸린 시계종 소리만 점점 역력히 고막鼓膜을 두드려올 뿐. 달아난 잠을 잡을랴고 무리를 거듭하야온, 두 눈 뿌리는 쿡쿡 쑤시어 들어온다. 이번에는 머리맡에 내던졌던 로 — 드 안약眼藥을 또 한 번 집어들어 두 눈에 점주點注하야 보다가는, 결국 그것마저 실패로 돌아갔음을 깨닫자 인제는 나머지로 하나 있는 그 행동을 아꼈음에도 불구하고, 그대로 드러누운 채 마지못하야 떨리는 손으로 낮추었던 람푸의 심지를 다시 돋아올린다. 밝아진 시계판에서, 아직도 먼동이 트기까지, 세 시간이나 너머 남았음을 새삼스리 읽어보고는 골피를 찌푸리며 두 어깨가 으쓱하고 우그러들 만치, 그렇게 그 시간의 위협威脅이 두려워진다. 시계에서 겁怯 집어먹은 시선을 천정으로 힘없이 걷어올리며 생각하야 보니, 이렇게 굴신屈伸을 못하고 누워 있는 것이 오늘째 나흘이 되어오련만 아무 감각도 없는 듯싶고, 어쩌면 변비便秘로 말미암아 내치질內痔疾이 발생한 것을 이것쯤, 하고 등한시하였던 것이, 그것이 차차 퍼지고 그리고 게다 결핵성농창結核性膿瘡을 이루어 치질 중에도 가장 악성인 치루痔漏, 이렇게 무서운 치루를 갖게 된 자신 밉지 않은 것은 아니나 그러나 다시 생각하면 나의 본병인 폐결핵에서 필연적으로 도달한 한 과정일 듯도 싶다. 치루하면 선뜻 의사의 수술을 요하는 농창인 줄은 아나, 우선 나에게는 그럴 물질적 여유도 없거니와 설혹 있다 하더라도 이렇게 쇠약한 몸이 수술을 받고 한 달포 동안 시달리고 난다면, 그 꼴이 말 못 될 것이니 이러도 못하고 저러도 못하고 진퇴유곡進退維谷에서 딱한 생각만 하야 본다. 날이 밝는다고 거기에 별 뾰족한 수가 있는 것도 아니로되, 아마도 이것은 딱한 사람의 가냘픈 위안인 듯싶어 어떡하면 이 시간을 보낼 수 있을까, 하고 그 수단에 한참 궁窮하다가 요행히도 나에게 흡연술이 있음을 문득 깨닫자, 옆의 신문지를 두 손으로 똥치똥치 말아서 그걸로다 저쪽에 놓여 있는 성냥갑을 끌어내려가지고 궐련卷煙 한 개를 입에 피어문다. 평소에도 기침으로 인하야 밤 궐련을 삼가왔던 나임에 한 모금을 조심스리 빨아서 다시 조심스리 내뿜어 보고는 그래도 무사한 것이 신통하야 좀 더 많이 빨아보고, 좀 더 많이 빨아보고 이렇게 나중에는 강렬한 자극을 얻어보고저 한가슴 듬뿍이 흡연을 하다가는 고만 아치, 하고 재채기로 시작되어 괴로이 쏟아지는 줄기침으로 말미암아 결리는 가슴을 만져주랴, 쑤시는 하체를 더듬어주랴, 눈코 뜰 새 없이 퍼둥지둥 얽매인다. 이때까지 혼곤히 잠이 들어 있었든 듯싶은, 옆방의 환자가 마저 나의 기침이 옮아가 쿨룩거리기 시작하니 한동안 경쟁적으로 아래웃방에서 부지런히 쿨룩거리다 급기야 얼마나 괴로움인지, 어그머니 하고 자지러지게 뿜어놓는 그 신음소리에 나는 뼈끝이 다 저리어온다. 나의 괴로움보다는 그 소리를 듣는 것이 너무도 약약하야 미안한 생각으로 기침을 깨물고 저 노력을 하였으나 입 막은 손을 떠들고까지 극성스리 나오는 그 기침을 어찌할 길이 없어, 손으로 입을 가리고는 죄송罪悚스리 쿨룩거리고 있노라니 날로 더하야 가는 아들의 병으로 하야 끝없이 애통하는 옆방 그 어머니의 탄식이 더욱 마음에 아파온다. 아들의 병을 고치고저 헙수룩한 이 절로 끌고 와 불전에 기도까지 올렸건만 도리어 없던 증세만 날로 늘어가는 것이, 목이 부어 밥도 못 먹고는 하루에 겨우 밈 몇 숟가락씩 떠넣는 것도 그나마 돌라놓고 마는 것이나, 요즘에 이르러서는 거지반 보름 동안을, 웬 딸꾹질이 그리 심오한지, 매일같이 계속되므로 겁이 덜컥 났던 차에, 게다가 어제 아침에는 보꼬개에서 우연히도 지가 떨어져 아차 인젠 글렀구나, 싶어 때를 기다리고 앉았는 그 어머니였다. 한때는 나도 어머니가 없음을 슬퍼도 하였으나 이 정경을 목도하고 보니, 지금 나에게 어머니가 계셨더라면 슬퍼하는 그 꼴을 어떻게 보았으랴, 싶어 일찍이 부모를 여읜 것이 차라리 행복이라고 없는 행복을 있는 듯이 느끼고는 후 ― 하고 가벼이 숨을 돌리어본다. 머리맡의 지게문을 열어제치니 가을바람은 선들선들 이미 익었고, 구슬피 굴러드는 밤벌레의 노래에 이윽히 귀를 기울이고 있었던 나는 불현듯 몸이 아팠는가, 그렇지 않으면 무엇이 슬펐는가, 까닭 모르게 축축이 젖어오는 두 눈 뿌리를 깨닫자, 열을 벌컥 내가지고는 네가 울테냐 네가 울테냐 이렇게 무뚝뚝한 태도로 비열卑劣한 자신을 얼러보다, 그래도 그 보람이 있었는지 흥, 하고 콧등에 냉소를 띄우고는 주먹으로 방바닥을 우려치고, 그리고 가슴 위에 얹었던 손수건으로 이마의 땀을 초조히 훑어본다. 너 말고도 얼마든지 울 수 있는 창두적각倉頭赤脚이 허구 많을 터인데 네가 울다니 그건 안 되리라고 씁쓸히 비웃어 던지고는, 동무에게서 온 편지를 두 손에 펼쳐들고 이것이, 네 번째이련만 또다시 경건한 심정으로 근독謹讀하야 본다.

김형金兄께

심히 놀랍습니다.

이처럼 사람의 일이 막막할 수가 없습니다. 울어서 조금이라도 이 답답한 가슴이 풀릴 수 있다면 얼마든지 울 것 같습니다.

이것은 나의 이 사실을 인편人便으로 듣고 너무도 놀란 마음에 황황惶惶히 뛰올랴 하였으나, 때마침 자기의 아우가 과한 객혈로 말미암아 정신없이 누웠고, 그도 그렇건만 돈 없이 약 못 쓰니 형 된 마음에 좋을 리 없을 테니 이럴까 저럴까 양난지세兩難地勢로 그 앞에 우울히 지키고만 앉았는 그 동무의 편지였다. 한편에는 아우가 누웠고, 또 한편에는 동무가 누웠고, 그리고 이렇게 시급히 돈이 필요하련만 그에게는 왜 그리 없는 것이 많았든지, 간교한 교제술交際術이 없었고, 비굴한 아첨이 없었고 게다 때에 찌들은 자존심마저 없고 보매, 세상은 이런 어리석은 청년에게 처세의 길을 열어 줄 수 없어 그대로 내굴렸으니 드디어 말 없는 변질이 되어 우두머니, 앉았는 그를 눈앞에 보는 듯하다. 아 나에게 돈이 왜 없었든가, 싶어 부질없는 한숨이 터져나올 때, 동무의 편지를 다시 집어들고 읽어보니 그 자자구구에 맺혀진, 어리석은 그의 순정은 나의 가슴을 커다랗게 때려놓고, 그리고 앞으로 내가 마땅히 걸어야 할 길을 엄숙히 암시하야 주는 듯하야 우정을 저리고 넘는 그 무엇을 느끼고는 감격 끝에 머금어진다. 며칠 있으면 그는 나를 찾아오려니. 그때까지 이 편지를 고이 접어두었다. 이것이 형에게 보내는 나의 답장答狀입니다, 고 그 주머니에 도루 넣어 주리라고 이렇게 마음을 먹고, 봉투封套에 편지를 요 밑에다가 깔아둔다. 지금의 나에게는 한 권의 성서보다 몇 줄의 이 글발이 지극히 은혜롭고, 거칠어가는 나의 감정을 매만져 주는 것이니, 그것을 몇 번 거듭 읽는 동안에 더운 몸이 점차로 식어옴을 알자, 또 한 번 램프의 불을 낮추어 놓고 어렴풋이 눈을 감아본다. 그러다 허공에 둥실 높이 떠올라 중심을 잃은 몸이 삐끗하였을 때 정신이 고만 아찔하야 눈을 떠보니 시계는 석 점이 될랴면 아직도 오 분이 남았고, 넓은 뜰에서 허황히 궁구는 바람에 법당의 풍성風聲이 은은히 울리어 오는 것이니, 아 아 가을밤은 왜 이리 안 밝는가, 고 안타깝게도 더진 시간이 나에게는 너무나 원망스럽다.

병상영춘기 病床迎春記

햇빛을 보는 것은 실로 두려운 일이었다.

햇살이 퍼질 때이면 밤 동안에 깊이 잠재하였는 모든 의욕이 현실로 향하야 활동하기 시작한다. 만일 자유를 잃어 몸이 여기에 따르지 못한다면 그건 참으로 우울한 일이다. 뼈가 저릴 만치 또한 슬픈 일이었다.

햇살!

두려운 햇살!

머리 위까지 이불을 잡아 들쓰고는 암흑을 찾는다. 마는 두터운 이 이불로도 틈틈이 새어드는 광선은 어쩌 볼 길이 없다. 두 손으로 이불을 버쩍 치올렸다가는 이번에는 베개까지 얼러 싸고 비여진 구멍을 꼭 여미어본다. 간밤에 몇 번 몸을 축여놓았던 도한盜汗으로 말미암아 퀴퀴한 냄새는 코를 찌른다. 감을랴고 감을랴고 무진히 애를 써보았던 눈에는 수면 대신의 눈물이 솟아오른다. 그뿐으로 눈꺼풀이 아물아물할 때에는 그래도 필연 틈틈으로 광선이 새어드는 모양이다. 열뚱적은 빛도 빛이려니와 우선 잠을 자야 한다. 한밤 동안을 멀거니 앉아 새고 난 몸이라 늘척지근한 것이 마치 난타亂打를 당한 사람의 늘어진 몸과도 같다. 무엇보다도 건강에는 잠을 자야 할 것이다. 잠이다 잠. 몸을 이쪽으로 돌려 눕히고 네 보란 듯이 탐스럽게 코를 곯아 본다. 이렇게 생코를 골다가 자칫하면 짜정 단잠이 되는 수도 없지 않다. 잠을 방해하는 것은 흔히 머리에 얽힌 환상과 주위의 위협 그리고 등을 누르는 무거운 병마病魔, 그 놈이었다. 이 모든 걸 한번 털어보고자 되도록 소리를 높이어 코를 곯아본다.

그러나 에헤, 이건 다 뭐냐. 객쩍은 어린애의 지시 아닐까. 아무리 코를 곤대도, 새벽물을 길어오는 물장사의 물지게 소리보다 더 높일 수는 없을 것이다. 누구에게 화를 내는 것도 아니련만 눈을 뚝 부릅뜨고 그리고 벌떡 일어나 앉는다. 이불을 확 제쳐 던지는 서슬에 찬바람이 일

며 땀에 묻은 등허리에 소름이 쭉 끼친다. 기침을 쿨룩거리며 벽께로 향하고 앉은 채,

"뒤, 뒤."

이렇게 기함氣陷한 음성으로 홀로 쑹얼거린다. 그러면 옆에서 자고 있는 조카가 어느덧 그 속을 알아차리고 밖으로 나아가 얼른 변기便器를 들고 들어온다. 그 위에 신문지를 깔고, 소독약을 뿌리고 하야 방 한구석에 놓아주며,

"지금도 배 아프서요?"

"응!"

왜 이리 배가 아프냐. 줄대여 쏟는 설사에는 몸이 척척 휘인다. 어제는 낮에 네 번 밤에 세 번, 낮밤으로 설사泄瀉에 몸이 녹았다. 지금 잠을 못 잔다고 물장사를 탓할 것도 아니다. 어쩌면 터지려는 설사를 참을랴고 애를 써 이마에 진땀을 흘린 것이 나빴는지도 모른다.

아, 아, 너무도 단조로운 행사 어떻게 이 뒤를 안 보고 사는 도리가 없을까. 치루에 설사는 크게 금물이다. 그러나 종창腫瘡의 고통보다는 매일 똑같은 형식으로 치르지 않으면 안 될 단조로운 그 동작에 고만 울적하고 만다. 그렇다고 마달 수도 없는 일, 남의 일이나 해주는 듯이 찌르퉁이 뒤를 까고 앉아서.

"예, 오늘 눈 오겠니?" 하고 입버릇같이 늘 하는 소리를 또 물어본다.

조카는 미닫이를 열고 천기를 이윽히 뜯어본다. 삼촌에게 실망을 주지 않고자 하여 자세히 눈의 모양을 찾아보는 것이나 요즘 일기는 너무도 좋았다.

"망할 날 같으니 구름 한 점 없네 ㅡ"

이렇게 혼자서 쓸데없는 불평을 토하다가는,

"오늘두 눈은 안 오겠서요." 하고 풀 죽은 대답이었다.

눈이 내리는 걸 바라보는 것은 요즘 나의 유일한 기쁨이었다. 눈이 내린다고 나의 마음에 별반 소득이 있을 것도 아니다.

눈이 내리면 다만 검은 자리가 희게 되고, 마른땅에 가얼음이 얼어붙은 그뿐이다. 요만한 변동이나마 자연에서 찾아볼랴는 가냘픈 욕망임에 틀림없으리라.

이렇게 기다리고 보니 눈도 제법 내려주질 않는다. 이제나 저제나 하고 이불 속에 누워 눈만 멀뚱멀뚱 굴리고 있는 것이다. 아침나절에는 눈이 곧바로 내릴 듯이 날이 흐려들다가도 슬그머니 벗겨지고 마는 건 애타는 노릇이었다. 이십여 일 전에 눈발 좀 날리고는 그 후에는 싹도 없다.

날이 흐르기를 초조히 기다리며 미닫이께를 뻔질 쳐다본다. 그러다 앞집 용마루를 넘어 해는 어느덧 미닫이에 퍼지고 만다. 제—기 왜 이리 밝은가 빌어먹을 햇덩어리 깨지지도 않을려나. 까닭없이 홀로 역정을 내다가도 불현듯 또 한 걱정이 남아있음을 깨닫는다. 자고나면 낯을 씻는 것이 사람들은 좋은 일이란다. 나도 팔을 걷고는 대야 앞에 가 쭈그리고 앉지 않을 수 없다. 그리고 이 손으로 물을 찍어다 이마에 부치고는 이 생각이요 저 손으로 콧등에 물을 찍어다 부치고는 저 생각이다.

이리하야 세수 한 번에 삼사십 분, 잘못하면 한 시간도 넘는다.

간신히 수건질을 하야 저리 던지고 이불 속으로 꾸물꾸물 기어들려니,

"아주 아침 좀 잡숫고 누시지요." 하고 성급한 명령이다. 그래도 고역이 또 한 가지 남은 것이다. 밥이 참으로 먹고프지가 않다. 마는 그러자면 못 먹는 이유를 이리저리 둘러대야 할 게나 더욱 귀찮다. 다시 뚱싯뚱싯 일어나 상전에다 턱을 받쳐놓는다. 조카는 이것저것 내 비위脾胃에 맞을 듯싶은 음식을 코밑에다 끌어대여 준다. 그러면 나는 젓가락을 받쳐 들고 지범지범 주어다는 입 속에 넣어

명색만으로라도 조반朝飯을 치르는 것이다. 이렇게 밥을 먹는 것에까지 권태를 느끼게 되면 사람은 족히 버렸다. 눈을 감고 움질움질 새김질을 하고 있다가 문득 생각나는 것이 있어 문밖에서 불을 피고 있는 형수에게,

"오늘 편지 없어요?" 하고 물어본다. 그도 그제서야 생각난 듯이 아까 대문간에서 받아두었던 엽서 몇 장을 방 안으로 들이민다. 좋다, 반갑다. 편지를 받는 것은 말할 수 없이 반가운 일이다. 하나씩 하나씩 정성스리 뒤적거린다. 연하장年賀狀, 연하장, 원고독촉장 아따 아무 거라도 좋다. 하얀 빈 종이가 날아왔대도 이때 나에게는 넉넉히 행복을 갖다 줄 수 있다. 밥 한술 떠 넣고는 다시 뒤져보고 또 한술 떠 넣고는 또 한 번 뒤져본다. 새해라고, 그러니 병을 고만 앓으란다. 흐응, 실없는 소리도 다 많고, 언제 해가 바뀌었다고 나도 모르는 새 해가 바뀌는 수도 있는가. 공연스리 화를 내가지고 방 한구석으로 엽서를 내동댕이치고 나니, 느린 식사에 몸은 이미 기진하고 말았다.

식후 삼십 분 내지 한 시간에 일시씩一匙式 복용하라는 태전위산太田胃散이다. 상에서 물러앉자 한 너덧 숟갈 되는 대로 넣고는 황황히 이불 속으로 파고든다. 끄을껙, 끄을

꺽, 위산을 먹고는 시원스리 트림이 나와야 먹은 보람이 있단다. 아니 나오는 트림을 우격다짐으로 끄을꺽, 끄을꺽, 이렇게 애를 키다가는 이건 또 웬일인가. 갑작스리 아이구 배야. 아랫배를 쥐어뜯는 진통으로 말미암아 이마에 진땀이 내솟는다. 냉수에 위산을 먹었더니 아마도 거기에 체했나보다. 아이고 배야, 아이고 배야, 다시 일어나 온탕에 영신환靈神丸 십여 개를 꾸겨 넣고는, 이번에는 이불 속에서 가만히 엎드려본다.

식후 즉시로 이렇게 눕는 것도 결코 위생적이 못 된다. 하나 아무래도 좋다. 건강만으로 살 수 있는 이 몸이 아니니까 — 당장 햇빛만 안 보면 된다.

나에게 낮은 큰 원수怨讐였다. 정낮이 되어 오면 태양은 미닫이의 전폭을 점령하야 들어온다. 망할 놈의 태양, 쉴 줄도 모르느냐. 미닫이를 향하야 막을 가려치고 그리고 이불을 들쓰고 눈을 감고 이렇게 어둠으로 파고든다. 마는 빛이란 그리 쉽사리 막히는 것이 아니다. 눈꺼풀로 흐미한 광선을 느끼고는 입맛을 다시며 이마에 주름을 잡는다.

다시 따져보면 나는 넉넉지 못한 조카에게 와 폐를 끼치고 있는 신세였다. 늘 그 은혜를 감사하여야 할 것이요 그 앞에 온순하여야 할 것이다. 허나 나는 요즘으로 사람이 더욱 싫여졌다. 형수도, 조카도, 아무도 보고 싶지가 않다. 사람을 보면 발광한 개와 같이, 그렇게 험악한 성정을 갖게 되는 자신이 딱하였다. 웃묵쪽으로 사람 하나 누울 만치 터전을 남기고는 사방으로 삥 돌리어 장막을 가려치고 말았다.

이것이 혹은 그들을 불쾌하게 했을지도 모른다. 그러나 은혜가 은혜이면 내가 싫은 건 싫은 것이다. 언제이나 주위에 염증厭症을 느낄 적에는 나는 이렇게 막을 둘러치고 그 속에 깔아놓은 이불로 들어가 은신하고 마는 것이다. 이만하면 낮도 좋고 밤도 좋다.

눈에 비치는 형상은 임의로 하였거니와 귀로 들어오는 음향은 무얼로 막을 것이냐. 이불을 끌어올려 두 귀를 덮어보나 그 역 헛수고다. 모든 잡음雜音은 얼굴 위로 역력히 들려오지 않는가. 자동차 소리 전차 소리 외치는 행상들의 목 쉰 소리. 안집 아이들의 주책없이 지껄이는 소리도 듣기 싫거니와 서루 툭탁거리고 찍찍대는 여기에는 짜정 귀 아파 못 견디겠다. 허나 그것도 좋다 하자. 입에 칼날 품은 소리로,

"아니 여보, 오늘 낼 오늘 낼 밀어만 갈테요?" 하는 월

수쟁이 노파의 악성惡聲에는 등줄기가 다 선뜩하다. 뻔질 이사를 다니기에 빚을 져놓고 갚기가 쉽지 않다. 물론 안 갚는 것이 아니라 못 갚는다. 형수는 한참 훅닥끼다가 종당에는 넉넉지 못한 그 구변口辯으로,

"돈이 없는 걸 그럼 어떡해요?" 하고 그대로 빌붙는 애소였다.

"그렇게 남의 빚이란 무서운 거야 — 에헴! 에헴!"

이것은 주인마누라의 비지 먹다 걸린 목성이었다. 그는 물론 이 월수에 알 배 있을 턱없다. 허나 월세 한 달 치를 못 받는 것에 잔뜩 품어두었던 감정이 요런 때 상대의 약점을 보아 슬그머니 머리를 드는 것이다. 이렇게 되면 형수는 두 악바리에게 여지없이 시달리고 섰다. 자기의 의견 한 마디 버젓이 표시 못하고 얼굴이 벌거니 서 계실 형수를 생각하니 이불 속에 틀어박은 나의 얼굴마저 화끈 달고 마는 것이다.

아이고 귀야, 귀야, 귀야. 월수쟁이를 모조리 붙들어다 목을 베는 수가 없을런가. 아이고 참으로 듣기 싫다. 하지만 아무래도 좋다. 즈이들이 뜯어먹기 밖엔 더 못하리니 음 — 음 — 음 — 신음呻吟소리를 높이어, 앞뒤로 몰려드는 잡음에 굳이 저항하련다. 하기야 몸이 아프지 않은 것

도 아니다. 여섯 달 동안이나 문 밖 출입을 못하고 한 자리에 누워 있는 몸이매 야윌대로 야위었다. 인제는 온 전신의 닿는 곳마다 쑤시고 아프다. 들어 누웠으면 기침이 폭발하고 그렇다고 앉자니 치질이 괴롭다.

그렇더라도 먹은 것이 소화만 잘 되어도 좋겠다. 묽다란 죽을 한 보시기쯤 먹고도 꿀꺽 꿀꺽하고 하루종일 볶이지 않는가. 이까진 병쯤에 그래 열이 벌컥 올라서 그저께는 고기를 사다가 부실한 창자에 함부로 꾸겨 넣었다. 그리고 이제 하루를 일수 설사泄瀉로 줄대기에 몸이 착 까부러지고 말았다. 아직도 그 여파로 속이 끓는다. 아랫배가 꼿꼿한 것이 싸르르 아파 들온다.

"제 — 약 좀 —."

그러면 설사를 막는 산약과 함께 한 그릇의 밀즙蜜汁이 막 틈으로 들어온다. 그걸 받아들고 그리 허둥지둥 먹지 않아도 좋으련만 성이 가신 생각에 한숨에 훌쩍, 빈 그릇을 만들어서는 밖으로 도루 내보낸다. 그리고 다시 자리에 누워 손으로 기침을 막아가며 공손히 잠을 청하야 본다. 우울할 때 귀찮을 때 슬플 때 아플 때 다만 잠만이 신효한 결과를 가져올 수 있으리라. 그러나 잠이란 좀체로 얻어 보기 어려운 권외圈外 사람의 행복일지도 모른다. 눈을 멀뚱히 뜨고는 가장잠이나 자는 듯싶이 그대로 누워 있는 것이다.

저녁이 되어오면 모든 병이 머리를 들기 시작한다.

시간을 보지 않아도 신열이 올라 오한惡寒으로 뼈끝이 쑤시어 올 때이면 그것은 틀림없는 저녁이다. 오한에는 도한이 따른다. 도한을 한번 쑤욱 흘리고 나면 몸은 풀이 죽는다. 삼복더위에 녹아 붙은 엿가락 같기도 하고 양춘에 풀리는 잔설殘雪 같기도 하다. 이렇게 근력筋力을 잃고 넋 없이 늘어져 있노라면,

"작은아버지 — 저녁 다 됐서요 —."

조카가 막 밖에 와서 가만히 귀를 기울인다. 그는 행여나 나의 기분을 상할까 하야 음성마다 주의를 게을리하지 않았다. 어쩌면 그는 삼촌 숙부인 나를 격외의 괴물怪物로 여겼는지도 모른다. 때때로 언짢은 표정을 지어가지고 살금살금 나의 눈치를 살펴보고 하는 것이다.

계집애니만치 잔상도 하려니와 요즘 나의 병으로 인하야 그는 몇 달 동안을 학교도 못 갔다. 그리고 뒤를 받아내랴, 세수를 씻겨주랴, 탕약湯藥을 대려오랴, 이렇게 남다른 적심으로 구구히 간호하야 준다. 그의 성의만으로도 넉넉히 병이 나았으련만 왜 이리 끄느냐. 나의 조카는 참

으로 고맙다. 이 병이 나으면 나는 그에게 무얼로 이 은혜를 갚을 터인가. 가끔 이 생각에 홀로 잠기다가도 급기야엔 너무도 무력한 자신을 쓸쓸히 냉소하야 던지지 않을 수 없는 것이다. 그 대신에 나의 조카의 분부이면 그렇게 안 하여도 좋을 수 있는 이유를 갖고라도 그대로 잠잠히 맹종하고 하는 것이다. 이것이 그 은혜를 생각하는 나의 유일한 보답이겠다.

오한 뒤의 밥맛이란 바로 모래 씹는 맛이었다. 그러나 조카의 명령이라는 까닭만으로 꾸물꾸물 기어나오면 방 한복판에 어느덧 저녁상이 덩그렇게 놓여 있다.

밥을 먹는 것은 진정으로 귀찮다. 어떻게 안 먹고 사는 도리가 없는가. 이런 궁리를 하야 가며 눈을 감고 앉아서 꾸역 떠 넣는다. 그러다 옆을 돌아보면 조카는 나의 식사행동에 어이가 없었음인지 딱한 시선으로 이윽히 바라보고 있었다.

이렇게 하야 근근이 저녁을 때우고 궐련 하나를 피우고 나면 이럭저럭 밤이 든다. 밤, 밤, 밤이 좋다. 별이 존 것도 아니요 달이 좋은 것도 아니다. 그믐 칠야漆夜의 캄캄한 밤 그것만이 소용된다. 자정으로 석 점까지 그 시간에야 비로소 원고를 쓸 수 있는 것이 나의 버릇이었다. 그때에는 주위의 모든 것이 잠이 들어 있다. 두 주먹 외의 아무것도 없고, 게다 몸에 병들어 건강마저 잃은 나에게도 이 시간만은 극히 귀중한 나의 소유였다. 자정을 넘어서며 비로소 정신을 얻어 아직도 살아 있는 자신을 깨닫는다. 이만하면 원고原稿를 써도 되겠지. 원고를 책상 앞에 끌어다 놓고 강제로 펜을 들린다. 홀홀히 부탁을 받고, 몇 장 쓰다 두었던 원고였다. 한 서너 장 계속하야 쓰고 나면 두 어깨가 앞으로 휘어든다. 그리고 가슴 속에 가, 힘없이 먼지가 끼인 듯이 매캐하고 답답하야 들온다. 기침 발작의 전조前兆, 미리 예방하고자 펜을 가만히 놓고 냉수를 마시어 본다. 심호흡深呼吸을 하야 본다. 궐련을 피어본다. 그러다 황망히 터져나오는 기침을 어쩔 수 없어, 쿨럭거리다가는, 결국에는 그 자리에 가루 늘어지고 만다. 어구머니 가슴이야. 이 가슴 속에 무엇이 들었는가. 날카로운 칼로 한번 뼈겨나 볼는지. 몸이 아프면 아플수록 나느니 어머니의 생각. 하나 없기를 다행이다. 그는 당신이 낳아 놓은 자식이 이토록 못 생기게스리 될 줄은 꿈에도 생각지 못하고 편히 잠드셨나. 만일에 나의 이 꼴을 보신다면 응당 그는 슬프려니. 하면 없기를 불행 중 다행이다. 한숨을 휘, 돌리고 눈에 고였던 눈물을 씻을 때에는 기침에 욕을 볼대로 다 본 뒤였다. 웅크리고 앉아서 다시 궐련에 불을 붙이자니 이게 웬일인가. 설사가 나올 때도 되었을 텐데 입때 무사한 것이 암만해도 수상쩍다. 변비가 된 것이 아닐까. 아까에 설사 막힌 약藥을 먹은 것이 몹시 후사가 난다. 변비 변비 무서운 변비便秘. 치질에 변비는 극히 위험하다. 치루로 말미암아 여섯 달째 고생을 하야 오는 나이니만치 만의 하나를 염려 안 할 수 없고 종내는 하제下劑 '락사토울' 한 알을 입에 넣을 때까지 마음이 놓이지를 않는다. 이걸 먹었으니 낼 아침에는 설사가 터질 것이다. 한번 터지면 줄 대서 나올 터인데 그럼 그담에는 무슨 약을 먹어야 옳을는지 ―.

이러다 보니 시계는 석 점이 훨씬 넘었다. 눈알은 보송보송하니 잠 하나 올 듯싶지 않고, 머지않아 먼동이 틀 것이다. 해가 뜰 것이다.

그럼 낼 하루는 무얼로 보내는가?

탈출을 계획하는 옥중의 죄수와도 같이 한껏 긴장이 되어 선후책을 강구한다. 밝는 날 이 땅에 퍼질 광선의 위협을 느끼며 ―

낼 하루를 무얼로 보내는가?

네가 봄이런가

　　　　　　　　　나에게는 아침이고 저녁이고 구별이 없는 것이다. 왜냐면 나는 수면睡眠을 잃어버린 지 이미 오랬다. 밤마다 뒤숭숭한 몽마夢魔의 조롱嘲弄을 받는 걸로 그날그날의 잠을 때인다.

　그러나 이나마 내가 맞대서는 아니되리라. 제때가 돌아오면 굴복屈服한 죄인과도 같이 가만히 쓰러져서 처분만 기다린다.

　이렇게 멀뚱히 누워 있노라니 이불 속으로 가냘픈 콧노래가 나즉나즉 흘러든다. 노래란 가끔 과거의 미적 정서를 재현시키는, 극히 행복스런 추억追憶이 될 수 있다. 귀가 번쩍 뜨여 나는 골독汨篤히 경청한다. 그러나 어느덧 지

난날의 건강이 불시로 그리워짐을 깨닫는다. 머리까지 뒤집어쓴 이불을 주먹으로 차 던지며,

"지금 몇 시냐?"

하고 몸을 일으킨다.

"열 점 사십 분이야요 ―"

그러면 나는 세 시간 동안이나 잠과 씨름을 하였는가. 이마의 진땀을 씻으며 속의 울분鬱憤을 한숨으로 꺼본다. 그리고 벽을 향하야 눈을 감고는 덤덤히 앉아 있다.

"가슴이 아프셔요?"

"응 ―"

하고 그쪽으로 고개를 돌리니 나의 조카는 오랜만에 얼굴의 화색이 보인다. 고대 들려온 콧노래도, 아마도, 그의 기쁨인 양 싶다. 웬일인가고 어리둥절하야 아하, 오늘이 슬(설)이구나, 슬, 슬, 슬은 어릴 적의 모든 기쁨을 가져온다. 나도 가슴 속에서 제법 들먹거리는 무엇이 있는 듯싶다. 오늘은 슬이라는 그것만으로 나의 생활에 변동이 있을 듯싶다.

조카가 먹여주는 대로 눈을 감고 앉아서 그럭저럭 아침을 치른다. 슬, 슬은 새해의 첫날이다. 지금 나에게는 새것이라는 그것이 여간 큰 매력을 갖지 않았다. 새것, 새

것이 좋다.

 새 정신이 반뜩 미닫이를 활짝 열어 제친다. 안집 어린애들의 울긋불긋한 호사가 좋다. 세배주歲拜酒에 공으로 창취暢醉한 그 잡담도 좋다. 사람뿐만 아니라, 날세(씨)조차 새로워진 것 같다. 어제 내렸든 백설은 흔적痕迹도 없다. 앞집 처마 끝에는 물기만이 지르르 흘러 있다. 때때로 뺨을 지나는 미적微迹이 곱기도 하다. 그런데 이 향기는, 분명히 이 향기는, 그러다, 나는 고만 가슴이 덜컥 내려앉고 만다.

 나긋나긋한 이 향기는 분명히 봄의 회포려니 손을 꼽아 내가 기다리든 그 봄이려니 그리고 나는 아직도 이 병석을 걷지 못하였다. 갑작스리 치미는, 울적한 심사를 어쩨볼 길이 없어, 장막을 가려치고 이불 속으로 꿈실꿈실 기어든다. 아무것도 보고 싶지가 않다. 나는 홀로 어둠 속에 이렇게 들어앉아 아무것도 안보리라. 이를 악물고 한평생의 햇빛과 굳게 작별한다.

 그러나 동무가 찾아와 부를 때에는 안 일어날 수도 없는 것이다. 다시 꾸물꾸물 기어나오면 그새 하루는 다 가고, 전등까지 불이 켜졌다. 나는 고개를 떨어트리고 묵묵히 앉아 있다. 참으로 나는 이 동무를 쳐다볼만한 면목이 없다. 그는 나를 일으켜 주고서, 그의 가진 바 모든 혈성을 다하였다. 그리고 이따금씩 이렇게 들여다보는 것이다. 아, 아, 이놈의 병이 왜 이리 끄느냐. 좀체로 나가는가 싶지 않으매, 그의 속인들 오죽이나 답답한 것인가 —

그는 오늘도 찌뿌둥한 나의 얼굴을 보고 실망한 모양이다. 딱한 낯으로 이윽히 나를 바라보다,

"올에는 철수가 한 달이나 이르군요."

그리고 그 말이 봄 오길 그렇게 기다리더니 어떻게 되었느냐고, 오늘은 완전히 봄인데,

"어떻게 좀 나가보실 생각이 없습니까."

여기에 나는 무에라고 대답하여야 옳겠는가. 쓴 입맛만 다시고 우두커니 앉았다 겨우 입을 연 것이,

"나는 나갈려는데 내보내줘야지요 —"

하고, 불현듯 내솟느니 눈물이다.

편지와 일기

강로향전姜鷺鄉前

날이 차차 더워집니다. 더워질수록 저는 시골이 무한無限 그립습니다. 물소리 들리고 온갖 새 지저귀는 저 시골이 그립습니다. 우거진 녹음綠陰에 번듯이 누워 한적閑寂한 매미의 노래를 귀담아 들으며 먼 푸른 하늘을 이윽히 바라볼 때 저는 가끔 시인이 됩니다. 아마 이우 더 큰 행복은 다시없겠지요. 강형도 한번 시험해 보십시오. 그런데 여기에 하나 주의할 것은 창공을 바라보되 님을 대하듯 경건히 할 것입니다. 그래야 비로소 유類다른 행복과 그 무엇인가 알 수 없는 커다란 진리를 깨달으실 것입니다.

4월 2일 저녁, 영도사永導寺에서

박태원전 朴泰遠前

날 사이 안녕하십니까.

박형! 혹시 요즘 우울하시지 않으십니까. 조선일보사 앞에서 뵈었을 때 형은 마치 딱 한 생각을 하는 사람의 풍모이었습니다. 물론 저의 어리석은 생각에 지나지 않을 게나 만에 일이라도 그럴 리가 없기를 바랍니다.

제가 생각컨대 형은 그렇게 크게 우울하실 필요는 없을 듯싶습니다. 만일 저에게 형이 지니신 그것과 같이 재질이 있고 명망이 있고 전도前途가 있고 그리고 건강이 있다면 얼마나 행복일는지요. 오유월 호五六月號에서 형의 창작을 못 봄은 너무나 섭섭한 일입니다. 「거리距離」「악마惡魔」의 그 다음을 기다립니다.

김유정 재배再拜

문단文壇에 올리는 말씀

　　　　　　　　　　　　평상平常 폐결핵으로 무수히
신음하옵다가 이즈막에는 객증客症 치질痔까지 병발倂發하야
장근將近 넉 달 동안을 기거불능으로 중도되어 있사온 바
원래 변변치 못하야 호구지방糊口之方에 생소한 저의 일이
오라 병고病苦 간군艱窘 양난에 몰리어 세궁역진勢窮力盡한
폐구廢軀로 간두竿頭에서 진퇴가 아득하옵더니 천행히도
여러 선생님의 돈후하신 하념과 및 벗들의 적성赤誠이 있
어 재생의 길을 얻었삽거늘 그 은혜 무얼로 다 말씀드리올
지 감사무지感謝無地에 황송한 마음 이를 데 없사와 금후로
는 명심불망銘心不忘하옵고 다시 앓지 않기로 하겠사오니
이렇게 문단을 불안스리 만들고 가외加外 여러 선생님께

심려를 시키어 들인 저의 죄고罪辜를 두루두루 해용海容하
야 주시기 복망복망伏望伏望 하옵나이다.

병자丙子 3월 31일

김유정金裕貞 재배再拜

병상病床의 생각

사람!
사람!

그 사람이 무엇인지 알기가 극히 어렵습니다. 누구인지 내가 모르고, 나의 누구임을 당신이 모르는 이것이 혹은 마땅한 일일지도 모릅니다. 나와 당신이 언제 보았다고, 언제 정이 들었다고 감히 안다 하겠습니까. 그러면 내가 당신을 한 개의 우상偶像으로 숭배하고, 그리고 나의 모든 채색彩色으로 당신을 분식粉飾하였던 이것이 또한 무리 아닌 일일지도 모릅니다.

이것이 물론 나의 속단速斷입니다. 허나 하여간 이런 결론을 얻은 걸로 쳐두겠습니다.

나는 당신을 진실로 모릅니다. 그러기에 일면식도 없는 당신에게, 내가 대담히 편지를 하였고, 매일과 같이 그 회답이 오기를 충성으로 기다리었던 것입니다. 다 나의 편지가 당신에게 가서 얼만한 대접을 받는가, 얼마큼 이해될 수 있는가, 거기 관하야 일절 괘념하야 본 일이 없었습니다. 그러던 차 당신에게서,

편지를 보내시는 이유가 나변那邊에 있으리요.

이런 질문이 왔을 때 나는 눈알을 커다랗게 뜨지 않을 수 없었습니다. 당장에 나는 당신의 누구임을 선뜻 본 듯도 싶었습니다.

우리는 사물事物을 개념槪念할 때 하나로 열을 추리推理하는 것이 곧 우리의 버릇입니다. 예전 우리의 선배가 그러하였고 또 오늘 우리와 같이 살고 있는 모든 사람이 그러합니다. 내가 그 질문으로 하여금 당신의 모형을 떠온 것이 결코 그리 큰 잘못은 아닐 겝니다.

나는 당신을 실로 본 듯도 하였습니다. 나의 편지 수통에 간신히 ― 그 이유가 나변에 있으리요 ― 이것이 즉 당신입니다. 그리고 나는 그 배후의 영리하신 당신의 지혜를 보았습니다. 당신은 나에게 연모戀慕라는 말을 듣고 싶었고, 겸하야 거기 따르는 당신의 절대가치絶對價値를 행사

하고 싶었던 것입니다.

그러나 나는 당신의 요구에서 좀 먼 거리에 있는 자신을 보았습니다. 우울할 때, 고적할 때, 혹은 슬플 때 나는 가끔 친한 동무에게, 나를 이해하야 줄 수 있는 동무에게 편지를 씁니다. 허나 그것은 동성同性끼리의 거래가 아니냐고 탄할지도 모릅니다. 그러면 나는 몸이 아플 때, 저 황천으로 가신 어머님이 참으로 그리워집니다. 이건 무얼로 대답하시렵니까. 모자지간의 할 수 없는 천륜이매 이와는 또 다르다 하시겠습니다. 그럼 여기에 또 한 가지 좋은 실례實例가 있습니다. 우리는 맘이 울적할 제 벙싯벙싯 웃기는 옆집 애기를 가만히 들여다보다가는 저마저 방싯하고 맙니다. 이것은 어쩐 이유겠습니까.

다시 생각하면 우리가 서로서로 가까이 밀접密接하노라 애를 쓰는 이것이 또는 그런 열정을 필연적으로 갖게 되는 이것이 혹은 참다운 인생일지도 모릅니다. 동시에 궁박하나 우리 생활을 위하야 이제 남은 단 한 길이 여기에 열려 있음을 조만간 알 듯도 싶습니다. 그것은 마치 우리 머리 위에 늘려 있는 복잡한 천체天體, 그것이 제각기 그 인력引力에 견인牽引되어 원만히 운용되어 갈 수 있는 것에 흡사하다 할는지요. 그렇다면 이 기능을 실지 발휘하는 걸로,

언어를 실어가는 편지의 사명이라 하겠습니다.

그러나 그는 아무래도 좋습니다.

이것이 나의 본뜻은 아니로되, 다만 당신에게 실망을 주지 않기로 단출히 연모한다 하였습니다. 그리고 그때 갑작스리 공중으로 열아문 길씩이나 쳐올려 뜨신 당신의 태도를 보았습니다. 나는 또 다시 눈알이 커다랗게 디굴려지지 않을 수 없었습니다. 여성이란 자기자신이 남에게 지극히 연모되어 있음을 비로소 느꼈을 때, 어쩌면 그렇게 무작정 올라만 가려는가고 부질없는 탄식이 절로 나옵니다.

그러나 나는 당신 하나를 보는 걸로 모든 여성을 그 틀에 규정規定하여서는 안 될 것입니다.

이것이 물론 당신에게 넉히 실례가 될 겝니다. 마는 나는 서슴지 않고 당신을 이렇게 생각하야 보았습니다.

―근대식으로 제작制作되어진 한 덩어리의 예술품藝術品―

왜 내가 당신을 하필 예술품에 비하였는가. 그 까닭을 아시고 싶을지도 모릅니다. 마는 여기에 별반 큰 이유가 있을 것도 아닙니다.

내가 당신에게 편지를 쓰든 그 동기를 따져보면 내가 작품을 쓸 때의 그 동기와 조금도 다름이 없습니다. 만일 그때 그 편지를 안 썼더라면 혹은 작품 하나를 더 갖게 되었을지도 모릅니다. 이것이 무슨 소리인지 당신에게 잘 소통되지 않을 겝니다. 그렇다면 따로이 얼른 이해하기 쉬운 이유를 드는 것이 옳을 듯싶습니다.

연애는 예술이라던 당신의 그 말씀, 연애로 하여금 인류人類 상호결합相互結合의 근본윤리根本倫理로 내보인 나의 고백을 불순하다 하였고 더 나아가 연애는 연애를 위한 연애로 하되 행여나 다른 부조건副條件이 따라서는 안 되리라 그 말씀이 더 큰 이유가 될는지도 모릅니다. 나는 당신의 이 말씀을 듣고 전후 종합하야 문득 생각하는 무엇이 있었습니다. 현재 우리 사회의 일부를 점령하고 있는 예술을 위한 예술이 즉 그것입니다.

그러나 사실에 없는 일을 나의 생각만으로 부합시킨 것이 아닐 듯싶습니다. 실지에 있어, 그들과 당신은 똑같이 유복한 환경에서 똑같은 궤도軌道를 밟아왔기 때문입니다. 물론 이쪽이 저쪽의 비위를 맞춰가며 기생寄生되어 가는 경우도 없지는 않으나.

당신은 학교에서 수학을 배웠고, 물리학을 배웠고, 생리학을 배웠고, 법학을 배웠고, 그리고 공학, 철학 등 모든 것을 충분히 배운 사람의 하나입니다. 다시 말하면 놀라울 만치 발달된 근대과학近代科學의 모든 혜택을 골고루 즐겨오는 그 사람들의 하나입니다. 그렇다면 당신은 근대 과학을 위하야 그 앞에 나아가 친히 예하야, 참으로 친히 예하야 그 영예를 감하치 않아서는 안 될 겝니다. 왜냐면 과학이란 그 시대, 그 사회에 있어 가급적可及的 진리眞理에 가까운 지식을 추출하야 써 우리의 생활로 하야금 광명으로 유도誘導하는 곳에 그 사명이 있을 것입니다.

나는 여기에서 또 하나 생각지 않을 수 없게 됩니다. 그럼 근대과학이 우리들의 생활과 얼마나 친근親近하였던가, 이것입니다. 이 대답으로 나는 몇 가지의 예例를 들어 만족할 밖에 없습니다.

근대과학은 참으로 놀라울 만치 발달되어 갑니다. 그들은 천문대를 세워 놓고, 우리가 눈앞에서 콩알을 고르듯이 천체를 뒤져봅니다. 일생을 바쳐 눈코 뜰 새 없이 지질학地質學을 연구합니다. 천풍으로 타고난 사람의 티를, 혹은 콧날을 임의로 늘이고 줄입니다. 건강한 혈색血食을 창백히 만들고서 조석을 피하고 애를 키웁니다. 찌저깨비로 사람을 만들어 써먹느라 괜스리 속을 태웁니다. 소리 없이 공중으로 떠보고저 하야 그 실험實驗에 떨어져 죽습니다. 두더지같이 산을 파고 들어가 금을 뜯어내다가 몇 십 명이 그 속에 없는 듯이 묻힙니다. 물 속으로 쫓아가 군함을 깨트리고 광선으로 사람을 녹이고, 공중에서 염병을 뿌리고 참으로 근대과학은 놀라울 만치 발달되어 있습니다.

이러한 고급지식高級知識이 우리 생활의 어느 모로 공헌功獻되어 있는가. 당신은 이걸 아십니까. 내가 설명하지 않아도 당신은 얼뜬 그걸 이해하여야 될 겝니다. 과학자 자신, 그들에게 불만을 묻는다면 그 대답이 취미趣味의 자유自由를 말할 게고, 더 이어 과학에 있어 연구대상研究對象은 언제나, 그들의 취미 여하에 의하야 취택할 수 있다 할 겝니다. 다시 말하면 과학을 위한 과학의 절대성絶對性을 해설하기에 그들은 너무도 평범한 태도를 취할 겝니다.

과학에서 얻은 진리를 이지권내理知圈內에서 감정권내로 옮기게, 그걸 대중에게 전달傳達하는 것이 예술이라면 그럼 우리는 근대과학에 기초基礎를 둔 소위 근대예술이 그 무엇인가를 얼른 알 것입니다. 예술, 하여도 내가 종사하야 있는 그 일부분, 문학에 관하야 보는 것이 편할 듯싶습니다. 우선 꽤 많이 물의物議되어 있는 신심리주의문학新心理主義文學부터 캐어보기로 하겠습니다.

예술의 생명을 잃은 그들에게 가장 중요한 간판看板으로 되어 있는 것이 그 형식形式, 즉 기교技巧입니다. 마는 오늘 그들의 기교란 어느 정도까지 모든 가능可能을 보이고 있습니다. 여기에서 그들이 더 나갈 길은 당연히 괴벽하야진 그 취미趣味와 병행해야 예전보다도 조금 더 악화된 지엽적枝葉的 탈선脫線입니다. 그들은 괴망히도 치밀한 묘사법描寫法으로 인간심리를 내공內攻하야, 이내 산사람으로 하여금 유령幽靈을 만들어 놓는 걸로 그들의 자랑을 삼습니다. 이 유파의 태두泰斗로 지칭되어 있는 제임스 조이스의『율리시즈』를 한번 읽어보면 넉넉히 알 수 있을 겝니다. 우리가 그에게 새롭다는 존호尊號를 붙이어 대우는 하였으나, 다시 뜯어보면 그는 고작 졸라의 부속품附屬品에 더 지나지 않음을 알 것입니다. 졸라의 걸작傑作인『나나』는 우리를 재웠고, 그리고 조이스의 대표작『율리시즈』는 우리로 하여금 하품을 연발連發시키고 있는 것입니다. 말하자면 그는 졸라와 같은 흉기凶器를 한 과오를 양면에서 범하고 있는 것입니다.

어느 누구는 예술의 목적이 전달傳達에 있는가, 표현表現에 있는가, 고 장히 비슷한 낯을 하는 이도 있습니다. 이것은 마치 사람이 먹기 위하야 사는가, 살기 위하야 먹는가, 하는 이 우문愚問에 지나지 않습니다. 표현이란 원래 전달을 전제로 하고야 비로소 그 생명이 있을 겝니다. 다시 말하면 그 결과에 있어 전달을 예상하고 계략計略하야 가는 그 과정이 즉 표현입니다.

그러나 오늘 문학의 표현이란 얼마나 오용誤用되어 있는가를 내가 압니다. 그들이 갖은 노력을 경주傾注한 치밀한 그 묘사가 얼뜬 보기에 주문의 명세서나 혹은 심리학 강의講義, 좀 대접하야 육법전서六法全書의 조문해석條文解釋 같은 지루한 그 문자만으로도 넉히 알 수 있으리다. 예술이란 자연의 복사複寫만도 아니려니와 또한 자연의 복사란 그리 쉽사리 되는 것도 아닙니다. 그렇게도 사실적인 사진기로도 그 완벽을 기치 못하겠거늘, 하물며 어떼떼의 문자로 우리 인간의 복사란 너무도 심한 농담인 듯 싶습니다.

좀더 심악한 건 예술을 위한 예술을 표방標榜하고 함부로 내닫는 작가입니다. 이것은 바로 당신의 연애를 위한 연애와 조금도 다를 것 없는 것이니 길게 설명하지 않아도 좋을 겝니다. 그들은 썩 호의好意로 보아 중학생의 일기문 같은 작문을 내어놓고, 그리고 예술지상주의藝術至上主義의 미명으로 그걸 알뜰히 미봉彌縫하려 드는 여기에는 실로 웃지 못할 것이 있을 줄 압니다. 그들의 생각에는 묘사의 대상여하對象如何를 물론하고, 또는 수법手法의 방식여하方式如何를 물론하고, 오로지 극도로 뻗힌 치밀한 기록이면 기록일수록 더욱더 거기에 문학적 가치가 있는 것입니다. 이것은 그 작품이 예술이라기보다는 먼저 그 자신이 정말 예술가藝術家가 아님을 말하는 것에 더 나오지 못합니다. 마치 그 연애가 사랑이 아니라기보다는 먼저 당신 자신이 완전한 사람이 아닌 것과 비등比等할 겝니다. 당신이 화려한 그 화장과 고급적인 그 교양을 남에게 자랑할 때 그들은 자기의 작품이 얼마나 예술적인가, 다시 말하면 인류생활과 얼마나 먼 거리에 있는가를 남에게 자랑하고 있는 것입니다. 그 결과는 애매한 콧날을 잡아 늘리기도 하고, 또는 사람 대신의 기계가 작품을 쓰기도 하고 하는 것입니다. 그러므로 그들에게 예술가적 열정熱情이 적으면 적을수록 좀더 높은 가치의 예술미藝術美를 갖게 되는 것입니다.

 예술가에게는 예술가다운 감흥이 있고 그 감흥은 표현을 목적하고 설레는 열정이 많습니다. 이 열정의 도度가 강하면 강할수록 그 비례로 전달이 완숙完熟하야 가는 것입니다. 그리고 예술이란 그 전달 정도와 범위에 따라 그

가치가 평가되어야 할 겝니다.

기계에는 절대로 예술이 자리를 잡는 법이 없습니다. 예술가란 학교에서 공식적으로 두드려 만들 수가 없다는 말이 혹은 이를 두고 이름인지도 모릅니다.

그들은 모든 구실이 다하였을 때 마지막으로 새롭다는 문자를 번쩍 들고 나옵니다. 그러나 그 의미가 무엇인지, 그들의 설명만으로는 도저히 이해키가 어렵습니다. 새롭다는 문자는 다만 시간과 공간의 전환轉換만에 그칠 것이 아니라, 좀 더 나아가 우리 인류사회에 적극적積極的으로 역할役割을 가져오는데 그 의미를 두어야 할 것입니다. 얼른 말하면 조이스의 『율리시스』보다는 저, 봉건시대의 소산이던 홍길동전洪吉童傳이 훨씬 뛰어나게 예술적 가치를 띠고 있는 것입니다.

그러면 당신은 여기에서 오늘의 예술이라는 것이 무엇인가를 자세치는 않으나마 얼추 알았으리라 생각합니다. 따라 당신의 연애는 예술이라니, 혹은 연애는 결코 불순하지 말지로되 다만 연애를 위한 연애로 하라니, 하든 그 말이 어디다 근저를 두고 나온 사랑인가도 대충 알았으리라 생각합니다. 겸하야 근대예술이 기계의 소산인 동시에, 당신이라는 그 인물이 또한 기계로 빚어진 한 덩어리의 고기임을 충분히 알리라고 생각합니다.

— 근대식으로 제작되어진 한 덩어리의 예술품 —

내가 이렇게 당신을 불렀던 것도 얼마쯤 당신을 대접하야 있는 걸 알아야 될 겝니다. 당신은 행복인 듯싶이 불행한, 참으로 불행한 사람의 하나입니다. 자기의 불행을 모르고 속없이 주자만 뽑는 사람을 보는 이만치 더 딱한 일은 없을 듯합니다. 육도풍월肉桃風月에 날새는 줄 모르는 그들과 한가지로, 요지경瑤池鏡 바람에 해지는 줄 모르는 당신입니다.

당신에게는 생명이 전혀 없습니다. 그 몸에서 화장化粧과 의장, 혹은 장신구를 벗겨내고 보면 거기에 남는 것은 벌건, 다만 벌건, 그렇고도 먹지 못하는 한 육괴肉塊에 더 되지 않을 겝니다.

그러나 재삼숙고再三熟考하야 볼진댄 당신은 슬퍼할 것이 없을 듯싶습니다. 왜냐면 당신의 완전한 사람이 되고 못되고는 앞으로 당신이 가질 그 노력 여하에 달렸기 때문입니다.

오늘은 순전히 어지러운 난장판일 줄 압니다. 마는 불행 중에도 행이랄까, 한쪽에서는 참다라운 인생을 탐구하기 위하야 자기의 몸까지도 내어버리는 아름다운 희생이

쌓여감을 우리가 봅니다. 이런 시험이 도처到處에 대두擡頭되어 가는 오늘날, 우리가 처할 길은 우리 머리 속에 틀지어 있는 그 선입관부터 우선 두드려내야 할 것입니다. 그리고 나서 새로이 눈을 떠, 새로운 방법으로 사물을 대하여야 할 것입니다.

그러나 그 새로운 방법이란 무엇인지 나 역시 분명히 모릅니다. 다만 사랑에서 출발한 그 무엇이라는 막연한 개념이 있을 뿐입니다. 사랑, 하면 우리는 부질없이 예수를 연상하고, 또는 석가여래釋迦如來를 곧잘 들추어냅니다. 허나 그것은 사랑의 일부발현一部發現은 될지언정 사랑 거기에 대한 설명은 되지 못할 겝니다.

그 사랑이 무엇인지 우리는 전혀 알 길이 없습니다. 우리가 보았다는 그것은 결국 그 일부일부의, 극히 조그만 그 일부의 작용作用 밖에는 없습니다. 그리고 다만 한 가지 믿어지는 것은 사랑이란 어느 시대, 어느 사회에 있어, 좀 더 많은 대중大衆을 우의적으로 한 끈에 꿸 수 있으면 있을수록 거기에 좀 더 위대한 생명을 갖게 되는 것입니다.

오늘 우리의 최고 이상最高理想은 그 위대한 사랑에 있는 것을 압니다. 한동안 그렇게도 소란히 판을 잡았던 개인주의個人主義는 니체의 초인설超人說 마르사스의 인구론人

口論과 더불어 머지않아 암장暗葬될 날이 올 겝니다. 그보다는 크로보토킨의 상호부조론相互扶助論이나 맑스의 자본론資本論이 훨씬 새로운 운명運命을 띠고 있는 것입니다.

다시 말하면 나는 여자에게 염서艶書 아닌 엽서를 쓸 수가 있고, 당신은 응당 그 편지를 받을 권리조차 있는 것입니다. 나의 머리에는 천품으로 뿌리 깊은 고질痼疾이 있습니다. 그것은 사람을 대할 적마다 우울하야지는 그래 사람을 피할려는 염인증厭人症입니다. 그 고질을 손수 고쳐보고저 판을 걷고 나선 것이 곧 현재의 나의 생활이요, 또는 허황된 금점에서 문학으로 길을 바꾼 것도 그 이유가 여기에 있을 것입니다. 내가 문학을 함은 내가 밥을 먹고, 산보를 하고, 하는 그 일용생활과 같은 동기요, 같은 행동입니다. 말을 바꾸어보면 나에게 있어 문학이란 나의 생활의 한 과정입니다.

그러면 내가 만일에 당신에게 편지를 안 썼다면 그 시간에 몇 편의 작품이 생겼으리라던 그 말이 뭣인가도 충분히 아실 줄로 생각합니다.

그렇다고 내가 당신을 업수이여긴 기억은 없습니다. 만일 그렇게 생각하신다면 그건 당신을 위하야 슬픈 일임에 틀림없을 겝니다. 나는 다만 그 위대한 사랑이 내포內包되지 못하는 한, 오늘의 예술이 바로 길을 들 수 없고, 당신이 그걸 모르는 한, 당신은 그 완전한 사랑을 이내 모르고 말리라는 그것에 지나지 않을 겝니다.

그럼 그 위대한 사랑이란 무엇일까. 이것을 바로 찾고 못 찾고에 우리 전 인류의 여망餘望이 달려 있음을 우리가 잘 보았습니다.

정축丁丑 1월 10일

필승전前

 필승아.

　　　　　나는 날로 몸이 꺼진다. 이제는 자리에서 일어나기조차 자유롭지가 못하다. 밤에는 불면증不眠症으로 하여 괴로운 시간을 원망怨望하고 누워 있다. 그리고 맹열猛熱이다. 아무리 생각하여도 딱한 일이다. 이러다는 안 되겠다. 달리 도리를 차리지 않으면 이 몸을 다시 일으키기 어렵겠다.

 필승아.

 나는 참말로 일어나고 싶다. 지금 나는 병마와 최후 담판談辦이다. 흥패興敗가 이 고비에 달려 있음을 내가 잘 안다. 나에게는 돈이 시급히 필요하다. 그 돈이 없는 것이다.

　필승아.

　내가 돈 백 원百圓을 만들어 볼 작정이다. 동무를 사랑하는 마음으로 네가 좀 조력하여 주기 바란다. 또 다시 탐정소설探偵小說을 번역翻譯하여 보고 싶다. 그 외에는 다른 길이 없는 것이다. 허니 네가 보던 중 아주 대중화되고 흥미 있는 걸로 한 뒤 권卷 보내주기 바란다. 그러면 내 오십일 이내로 역譯하여 너의 손으로 가게 하여 주마. 허거던 네가 극력 주선極力周旋하여 돈으로 바꿔서 보내다오.

　필승아.

　물론 이것이 무리임을 잘 안다. 무리를 하면 병을 더친다. 그러나 그 병을 위하여 엎집어 무리를 하지 않으면 안 되는 나의 몸이다.

　그 돈이 되면 우선 닭을 한 삼십 마리 고아 먹겠다. 그리고 땅꾼을 들여, 살모사, 구렁이를 십여十餘뭇 먹어보겠다. 그래야 내가 다시 살아날 것이다. 그리고 궁둥이가 쏙 쏘구리 돈을 잡아먹는다. 돈, 돈, 슬픈 일이다.

　필승아.

　나는 지금 막다른 골목에 맞닥뜨렸다. 나로 하여금 너의 팔에 의지하여 광명을 찾게 하여 다우.

나는 요즘 가끔 울고 누워 있다. 모두가 답답한 사정이다.

반가운 소식 전해 다우. 기다리마.

3월三月 18일十八日
김유정으로

일기

아아, 나는 영광이다. 영광이다. 오늘 학교에서 '호강나게'砲丸投를 하며 신체를 단련했다. 그런데 나도 모르는 사이에 호강이 나의 가슴 위에 와서 떨어졌다. 잠깐 아찔했다. 그러나 그것뿐으로 나는 쇳덩이로 가슴을 맞았는데도 아무렇지도 안 했다. 나의 몸은 아버님의 피요, 어머님의 살이요, 우리 조상의 뼈다. 나는 건강하다. 호강으로 가슴을 맞고도 아무렇지 않다. 아아, 영광이다. 영광이다.

새소설-홍길동전

홍길동전(洪吉童傳)

1. 길동이 몸이 천하다

 옛날 저 이조시절에 있었던 일이었다. 한 재상이 있어 두 아들을 두었으니 맏아들의 이름은 인형이요 고담을 길동이라 불렀다. 마는 인형이는 그 아우 길동이를 그리 썩 탐탁히 여겨주지 않았다. 왜냐면 자기는 정실 유씨 부인의 소생이로되 길동이는 계집종 춘심의 몸에서 난 천한 서자이기 때문이었다. 하인들까지도 길동이는 도련님이라 불러주지 않고 우습게 여기어 막 천대하였다.

 이리하야 길동이는 저의 신세를 주야로 슬퍼하였다.

 그러나 이 슬픔을 알아주는 사람은 다만 그의 아버지가 한 분 계실 뿐이었다. 그는 길동이를 나실 때 문득 하늘에서 뇌성벽력이 진동하며 커다란 용이 수염을 거느리고 앞으로 달려드는 꿈을 꾸시었다. 뿐만 아니라 차차 자라며 하나를 배우면 열을 알 만치 총기가 밝고 재주가 비범함을 보시었다.

"이 자식이 장차 크면 훌륭히 될 놈이야!"
하고 아버지는 이렇게 가끔 속으로 생각하며 기뻐하셨다.

허지만 길동이가,

"아버지!"
하고 품으로 덥석 안길 제이면 그 아버지는 아들의 입을 손으로 얼른 막으며,

"너는 아버지라 못한다. 대감이라 해야 돼."
하고 은근히 꾸짖으셨다. 아들이 귀엽지 않은 것은 아니나 그러나 양반의 집안에서 서자가 아버지라 부르는 법은 없는 일이니 남이 들으면 욕을 할까 하야 꾸짖고 했던 것이다.

2. 길동이 슬퍼하다

하루는 밤이 이슥하야 아버지는 사랑마당에서 배회하는 길동이를 발견하셨다. 푸른 하늘에 달은 맑고 정자에 우거진 온갖 나무들이 부수수 낙엽이 지는 처량한 밤이었

다. 그 나무 그늘에서 길동이가 달빛에 칼날을 번쩍이며 열심히 검술을 연습하고 있는 것이다. 이걸 보시고 아버지는 이상히 여기시고 앞으로 길동이를 불러서,

"너 초당에서 글을 안 읽고 왜 나왔느냐?"

하고 부르셨다.

"달이 밝아서 구경을 나왔습니다."

"구경이라니 공부를 잘해야 나종 훌륭한 사람이 되지 않느냐?"

"저는 천한 몸이라 암만 공부를 잘해도 결코 훌륭한 사람이 못 됩니다."

하고 길동이는 고개를 숙이고 공손히 대답하였다.

아버지는 그 말이 무슨 속이 있어 함인지 다 짐작하셨다. 그러나 열두 살밖에 안 된 아이의 소리로는 너무나 맹랑하므로,

"네 그게 무슨 소린고?"

하고 재우쳐 물어보셨다. 하니까 그 대답이,

"하늘이 만물을 내시되 사람이 가장 귀하오니 저만은 천한 몸이 되와 아버님을 아버님이라 부르지 못하고 형님을 또한 형님이라 부르지 못하오니 어찌 사람이라 하겠습니까. 앞으로는 무술을 배워 나라에 공을 세우는 것이 남

자의 일이 아닐까 하옵니다."

그리고 그 자리에 푹 엎드리고 소리를 내어 슬피 통곡하였다.

아버지는 이 꼴을 가만히 내려다보시다가 쓴 입맛을 다시며 언짢은 낯을 지으셨다. 이윽고 두 손으로 손수 그 어깨를 잡아 일으키시며,

"천하에 서자가 네 하나뿐 아니니 슬퍼 말구 어서 돌아가 자거라."
하셨다.

길동이는 아버지의 엄명을 어기지 못하야 제 침소로 돌아오긴 했으나 좀체로 잠은 오지 않았다. 남은 아버지가 있고 형이 있고 하건마는 저는 아버지도 형도 없는 것이다. 아버지의 성을 따라 홍길동이라 하면서도 그 아버지를 아버지라 버젓이 못 부르는 것이 무슨 까닭인지 생각하면 할수록 어린 가슴이 메어질 듯하였다.

길동이는 날이 새도록 자리 위에 엎드리어 끊임없이 흐르는 눈물로 이불을 적시고 또 적시고 하였다.

이러는 중에 그 형 인형이는 길동이를 죽이고자 하야 뒤로 음모를 시작하였다. 길동이의 재주를 보매 비상할 뿐 아니라 용한 관상쟁이를 불러 상을 뵈고 나니 그 말이,

"지금은 말씀 드리기가 어렵습니다."

하고 매우 거북한 낯을 드는 것이다.

"그래두 바른대로 말해 봐."

하고 뒷말을 재촉하니 그제야 옆으로 가까이 다가앉으며,

"후일에 왕이 되실 상이외다."

하고 귓속말로 나직이 대답하였다.

"뭐?"

하고 인형이는 깜짝 놀라서,

"그런 소리는 입밖에도 내지 마라. 죽인다."

하야 돈을 던져준 뒤에 호령을 해서 쫓아버렸다.

인형이네 집안은 대대로 높은 벼슬을 살아오는 명문거족名門巨族이요 게다가 홍문까지 세운 충신이었다. 길동이가 만일에 엉뚱한 생각을 먹고 난리를 일으킨다면 온 집안이 역적으로 몰릴 것이요 따라 빛나던 문벌이 고만 망치고 만다.

이렇게 생각하고 인형이는 길동이를 죽여 없애고자 결심했던 것이다.

3. 길동이 집에서 없어지다

길동이가 촛불을 켜놓고 글을 읽고 있노라니 문득 공

중에서 까마귀가 세 번 울고 지나간다. 밤에는 까마귀가 우는 법이 없는데 이게 웬일인가, 생각하고 점을 쳐보았다. 하니까 역시 오늘밤이 제가 칼에 맞아서 죽을 수였다.

길동이는 요술을 써서 얼른 몸을 피하였다.

조금 있더니 과연 방문이 부스스 열리며 시퍼런 칼날이 들어오지 않는가. 그리고 그 뒤를 이어 엄장이 크고 수염이 무섭게 뻗힌 장수 하나가 눈을 부라리고 들어온다. 그는 사방을 두리번거렸으나 길동이가 종시 보이지 않으므로 방안을 샅샅이 뒤지기 시작하였다.

그때 길동이의 입에서 뭐라뭐라고 진언이 몇 마디 떨어지자 별안간 난데없는 바람이 일고 방은 간 곳이 없다. 장사는 뒤로 주춤하고 몸을 걷으며 눈이 휘둥그랬다. 여기를 보아도 산, 저기를 보아도 산, 앞뒤좌우가 침침하고 험한 산에 둘러싸인 것이 아닌가. 이게 필연코 길동이의 조화이리라 생각하고 그는 제 목숨을 아끼어 산길로 그냥 도망질을 쳤다. 마는 얼마 안 가서 길은 딱 끊기고 층암절벽이 앞에 내리 닥쳤으니 한발만 잘못 내디디면 떨어져 죽는다.

그러나 어디선가 퉁소 소리가 나더니 한 아이가 나귀를 타고 나타났다. 장사의 옆을 늠름히 지나가며,

"네 어째서 날 죽이려 왔느냐. 죄 없는 사람을 죽이려는 너에게 천벌이 있을 것이다."
하고 점잖이 호령하였다. 그 말이 떨어지기 무섭게 다시 모진 바람이 일더니 비가 억수같이 퍼붓고 돌이 날아들고 하는 것이다.

장사는 돌에 맞을까 겁이 나서 두 팔뚝으로 면상을 가리고 뒤로 물러섰다. 그러나 생각해보니 일개 장사로서 조그만 아이에게 욕을 당하는 것은 너무나 분한 일이었다.

"네가 길동이지. 이놈! 내 칼을 받아라."

장사는 이렇게 소리를 지르고 와닥닥 달려들자 그 시퍼런 칼로 길동이의 목을 내리쳤다. 이것이 실로 이상한 일이라 안 할 수 없다. 그 칼이 내려지면서 길동이는 간 곳이 없고 도리어 장사의 목이 제 칼에 뚝 떨어지며 바위 아래로 구르는 것이 아닌가.

이날 밤 인형이는 정자나무 밑에서 서성거리며 일이 어떻게 되었나, 하고 퍽 궁금하였다. 약속한 시간에도 장사가 돌아오지 않으므로 이내 길동이의 방까지 일부러 와 보았다. 방문을 열고 고개를 디미니 길동이를 죽이겠다 장담하던 장사의 목이 요강 옆에 떨어져 있는 것이다. 그리고 정말 길동이는 어디로 갔는지 눈에 보이지 않았다. 그제서는 길동이가 무슨 술법이 있는 것을 알고 그 길로 얼른 제 방으로 돌아와 문의 고리를 걸었다.

4. 길동이 도적괴수가 되다

깊고 험한 산속이었다.

아름드리 나무가 빽빽이 들어박혔고 그 위에는 어여쁜 여러 가지 새들이 노래를 부른다. 그리고 한 옆으로는 까맣게 쳐다보이는 큰 폭포가 우렁찬 소리로 콸, 콸, 내려쫯는다.

그 폭포 위의 바위에 여러 장사가 모여 앉아서 잔치를 하고 있다. 엄장이 썩 크고 우람스럽게 생긴 것들이 더러는 술을 마시고 더러는 무슨 의론을 하는 중이다. 이것이 조선에서 유명한 도적의 소굴이었다.

머리털이 하늘로 뻗힌 한 장사가,

"그러나 우리들에게 괴수가 있어야지. 오늘은 꼭 정해 보세."

하니까, 그 옆에 앉았던, 눈 한쪽이 먼 장사가,

"암 그렇지 그래. 괴수가 없이야 어디 일을 할 수가 있나?"

"그렇지만 저 돌을 드는 사람이 있어야 할 게 아닌가."
하고 이번에는 뺨에 칼자국이 있는 다른 장사가 손을 들어 저편을 가리킨다. 거기에는 거진 집채만 한 무지한 바위가 하나 놓였다. 이 돌을 능히 들어야 비로소 도적들의 괴수가 될 자격이 있다. 마는 그렇게까지 기운이 센 장사들이 모였건만 하나도 이 돌을 감히 드는 사람이 없었다.

그래 이때껏 괴수를 정하지 못하였다. 도적들이 술에 취하야 떠들고 있노라니까 등 뒤의 돌문이 부스스 열리며 웬 아이가 들어온다. 여간 힘으론 못할 텐데 항차 아이가 돌문을 열고 들어오므로 모두들 눈이 뚱그랬다. 그리고 그 관상을 봐한즉 범상치 않은 아이임을 대번에 알고 앞으로 불러,

"네 누군데 여길 들어왔느냐?"
하고 물어보았다.

"네, 나는 홍길동입니다. 지나가다가 경치가 하도 좋아서 구경을 들어왔습니다."
하고 그 아이는 조금도 서슴지 않고 대답하였다.

암만 보아도 그 풍채며 음성이 여느 사람과는 다른 곳이 있었다. 나무 그늘에 앉았던 한 도적이 무엇을 생각하였음인지,

"네 그럼 저 돌을 한번 들어볼 테냐?"
하고 턱으로 아까의 그 바위를 가리켰다.

아이는 아무 말 없이 바위 앞으로 가더니 두 손으로 어렵지 않게 번쩍 들었다. 그리고 앞으로 성큼성큼 몇 발작을 걸어가서는 산 아래로 그대로 내던졌다. 큰 바위가 내려 구르는 바람에 우지끈 뚝딱, 하고 나무들이 꺾이고 쓰러지고 이렇게 요란스리 소리를 내였다.

도적들은 경탄을 하고 그 앞에 와 엎드리어,

"우리들이 괴수를 정할래두 저 돌을 드는 사람이 없더니 장군께서 오시어 처음 드셨습니다. 원컨대 우리들의 괴수가 되어줍시사."

하고 절을 하였다. 그리고 아이에게 술을 들어 권하고 돼지고기를 비어 받치고 퍽들 기뻐서 야단이다.

얼마를 흥들이 나서 뛰놀다가 한 도적이 말하기를,

"우리가 몇 달 전부터 해인사海印寺 절의 보물을 훔쳐오랴 하다가 재주가 부족해서 못했으니 장군께서 힘을 모아줍시오."

"염려 마라. 그대들은 그럼 나의 지휘대로 해야 할 것이다."

하고 길동이는 쾌히 승낙하고 주는 술잔을 또 받아들었

다.

5. 길동이 해인사를 치다

길동이는 천연스리 부잣집 도련님같이 의관을 차리고, 해인사로 찾아갔다. 물론 그 양 옆에는 그것도 칠칠하게 옷을 잘 입은 하인이 둘씩 따랐다.

해인사라는 절은 산 속 깊이 들어앉은 굉장한 절이었다. 중들은 문간까지 나와 길동이를 공손히 맞아들였다. 그리고 얼굴 둥그런 우두머리 중이 그 앞에 와 절을 하며,

"어디서 오시는 도련님이십니까?"

하고 물었다.

"나는 서울 홍판서댁 아들이다. 느이 절에 와 공부를 좀 하랴 하니 조용한 방을 하나 치워주기 바란다."

길동이는 이렇게 말을 하다가, 중이,

"네 곧 치겠습니다."

하고 물러가려 하니까,

"아니 지금이 아니라 사흘 후에 말이다. 그날 내 쌀 스무 섬을 가져와 너희들과 함께 잔치를 베풀려 하니 음식도 정히 만들어주기 바란다."

하고 다시 혼란스러이 하인들을 데리고 돌아갔다.

중들은 기뻐서 그날부터 방을 치고 마당을 쓸고 하였다. 재상가의 아들이 와서 공부를 한다니까 여간 경사스러운 일이 아니었다. 무슨 큰 수나 생긴 듯이 서로들 수군거리며 손이 올 날을 기다렸다.

어느덧 세 밤이 지났다.

점심때쯤 되자 절 마당에는 큰 쌀섬 하나씩을 짊어 메고 하인들이 몰려들었다. 이십여 명 하인들이 다 들어오고 나서 그 뒤에 길동이가 지팡이를 천천히 끌고 들어온다.

여러 중들은 버선발로 뛰어내려와 길동이를 방으로 맞아들였다.

"먼 길을 오시느라고 얼마나 고생을 하셨습니까."

"고생은 없었으나 시장하니 저 쌀로 곧 음식을 차려주기 바란다."

하고 길동이는 정말 배가 고픈 듯이 힘없이 자리에 쓰러졌다.

중들은 말짱 내려와 팔들을 걷고 밥을 짓는다. 찬을 만든다, 하며 분주히 돌아다녔다. 음식이 된 다음 우선 길동이 앞에 떡 벌어지게 차린 교자상 하나를 곱게 갖다놓았다. 하인들과 중들은 마당에다 멍석을 깔고 거기들 삥 둘러앉아서 음식을 먹기 시작하였다.

그런데 몇 숟갈을 안 떠서 길동이는 딱, 하고 돌을 씹었다.

"이놈! 음식을 이리 부정히 해놓고 먹으래느냐?"
하고 대뜸 눈이 빠지게 호령하였다.

중들은 너무 황송하야 밥들을 입에다 문 채 아무 말도 못하고 벙벙하였다.

대미처 길동이는 잡았던 수저로 상전을 우려치며,

"이놈들! 너희놈들은 죄로 볼기를 맞아야 한다."
하더니 제가 데리고 온 하인들을 돌아보고는,

"얘들아! 저놈들을 묶어놓아라."
하고 영을 내렸다.

하인들은 우 달려들어 굵은 밧줄로 중들을 하나씩 꼭꼭 묶어놓았다.

그러자 대문 밖에 숨어서 있던 여러 도적들이 쭉 들어서서 광을 뒤지는 놈, 다락엘 올라가는 놈, 뭐 해, 있는 보물이란 모조리 들고 나섰다. 그리고 길동이 하인들과 한 패를 지어 산아래로 달아났다.

그러나 중들은 일어나진 못하고 이걸 보고서 괜스리 자꾸 소리만 내질렀다.

"도적이야!"

"저놈들 잡아라. 보물 훔쳐간다."

6. 길동이 함경감사를 골리다

이때에 함경감사는 백성들의 재물을 뺏어다가 제 걸 만들고 그걸로 부자가 되었다. 그래도 백성들은 아무 말 못하고 그가 바치라는 대로 돈을 바치고 쌀을 바치고, 이렇게 무턱대고 자꾸 뺏기었다. 왜냐면 감사의 영을 거역하면 붙들려가 매를 맞고 옥에 갇히고, 하는 까닭이었다.

길동이가 이걸 알고 하루는 부하들에게 말하되,

"내 먼저 갈게니 사흘 후 함경 땅으로 만나자."

하고 혼자서 길을 떠났다.

사흘 동안을 타달타달 걸어서 함경땅에 비로소 닿은 것은 해가 서산으로 누엿누엿 질 때였다. 길동이는 허리도 아프고 기진해서 풀밭에 드러누워 밤 들기를 기다렸다.

캄캄하게 어두워졌을 때에야 다시 일어나서 남문 밖에 있는 솔밭에다 불을 질렀다. 불꽃은 하늘을 뚫을 듯이 무서운 세력으로 활활 타오르며 사방을 벌겋게 물들였다.

성안에 있던 백성들은 모두들 놀라며 남문 밖으로 뛰어나왔다. 이 불을 그냥 두었다가는 성안에까지 번져서 재물이 타고 사람들이 죽고 할 것이다. 그들은 통으로 물을 퍼나르며, 그 물을 받아 껴지며, 일변 아우성을 치며,

"여기다, 여기부터 껴저라."

"아니다. 아니다. 저기부터 껴저라."

이렇게 불끄기에 눈코 뜰 새 없이 분주하였다.

이런 틈을 타서 길동이는 조금 전에 와 기다리고 있던 부하들을 데리고 텅 빈 성 안으로 들어섰다. 함경감사의 집은 성 한복판에 섰는 크고 우뚝한 기와집이었다. 그 집을 찾아가 광을 때려 부수고 쌀 돈 할 것 없이 죄다 구루마에 싣고서 북문으로 곧장 달아났다.

길동이는 북문을 나올 제 종이에다 활빈당活貧黨 홍길동이라고 커다랗게 써 붙였다. 활빈당이라 하는 말은 굶는 사람을 도와주는 무리라 하는 의미다.

한 삼십 리쯤 구루마들을 끌고 가다가 길이 어두워서 더는 갈 수가 없었다. 동이 트거든 가자, 생각하고 멀리서 불이 반짝거리는 인가로 찾아갔다.

"여보시유! 하루 밤 쉬어갑시다!"

하니까 한 농부가 나오더니,

"네, 어서들 들어오십시오."

하고 친절히 맞아들인다.

도적들은 너무 벅찬 일들을 하였기 때문에 배가 몹시 고팠다. 안마당으로 들어들 가며,

"여보 주인! 우선 밥을 좀 먹게 해 주."

하고 청하였다.

그러나 주인은 상투를 긁으며 퍽 미안해하는 낯이더니,

"황송합니다마는 밥은 안 됩니다. 저희들도 쌀이 없어서 이틀째 굶습니다."

하고 무슨 죄나 지은 듯이 머리를 수그린다.

길동이는 이 소리를 듣고 가난한 동리로군, 하고 생각하였다. 그래서 부하들에게,

"이 쌀과 돈을 풀어서 동리 사람에게 똑같이 나눠주어라."

하고 분부하였다.

부하들은 구루마에서 짐을 내리어 쌀을 풀고 돈을 세고 하였다. 그리고 남은 사람은 그것을 받아서 집집마다 한 몫씩 문간에다 갖다 놓았다.

주인은 이게 꿈이나 아닌가 하고 얼이 빠져서 섰다가 제 몫으로 쌀과 돈을 받고는,

"정말입니까, 이게 정말입니까!"

하고 물으며 수없이 절을 하고 또하고 하였다.

7. 길동이 죄로 잡히다

나라에서는 홍길동이라 하는 도적이 있어 온갖 재물을 훌몰아간다는 소문을 들으시고 곧 잡아들이라, 명령을 내리셨다. 그러나 하나도 잡아들이는 사람은 없었다. 날마다 길동이에게 도적 맞았다는 소식만 오고 하는 것이다.

더욱 이상한 것은 홍길동이라는 도적이 조선 팔도에(지금은 십삼도지만 예전에는 팔도이었다.) 하나씩 있는 것이다. 다시 말하면 똑같은 홍길동이가 한 날 한 시에 여덟 군데서 도적질을 해가는 것이다.

임금님은 홍길동이를 못 잡으시어서 은근히 골머리를 앓으셨다. 그러나 우연히 홍길동이란 아이가 전 이조판서 홍모의 서자임을 아시고 그 날로 당장 인형이의 부자를 붙잡아들이게 하시었다.

길동이 아버지는 우선 옥에 갖다 가두고 인형이를 불러서,

"홍길동이라는 도적이 너의 서동생이지?"

하고 손수 물으셨다. 인형이는 죄송하야 이마를 땅에 붙이고,

"네, 저의 서동생이올시다. 어려서 집을 떠나 생사를

모르더니 인제 알고 보니까 도적의 괴수가 되었습니다. 즈 애비는 그로 인하야 저렇게 병이 위중하게 되었습니다."

하고 대답을 여쭈었다.

"그럼 느이들이 냉큼 잡아들여라. 그렇지 않으면 느 부자를 귀양을 보낼 터이다."

"네 그러겠습니다. 그저 애비만 살려주시기 바랍니다."

인형이는 이렇게 임금님께 다짐을 두고서 그 길로 곧 함경땅으로 떠났다. 아버지는 길동이의 신변을 염려하야 병환이 나고 늘 하루같이 신음하시는 중이었다.

그 몸으로 귀양을 가신다면 생명이 위험하실 것이다. 그럼 아버지의 병환을 위하야 또는 여지껏 충신이었던 문벌을 위하야 하루 바삐 길동이를 아니 잡을 수 없다.

그러나 길동이에게는 극히 교묘한 재주가 있다. 그대로는 감히 잡지 못할 것을 미리 알고 함경땅에 와서 궁리궁리하였다. 그 끝에 함경읍 사대문에다 다음과 같은 글을 써 붙였다.

— 길동이 보아라, 아버지는 네가 집을 나간 후 생사를 몰라 병환이 되시었다. 그리고 지금은 그 몸으로 너의 죄로 말미암아 옥중에 가 계시다. 너에게도 부자지간의 천

륜이 있거든 일시를 지체 말고 나의 손에 와 묶이기를 형으로서 바란다.—

인형이는 읍내의 집 하나를 조용히 치고 길동이가 찾아오기를 매일같이 기다렸다. 어느 날 혼자 앉아서 담배를 피고 있노라니 한 손님이 찾아왔다. 얼른 보니 의복은 비록 어른과 같이 차렸으나 아직도 어린 티가 보이는 길동이가 아닌가 —

"네가 길동이가 아니냐?"
하고 인형이는 그 손목을 탁 붙잡자 눈에서 눈물이 펑펑 쏟아진다. 그리고 한참을 지난 뒤에,

"그 전 일은 모두 내가 잘못했다. 지금 아버지가 병환이 위독하시니 너는 잘 생각하야 내 손에 붙잡혀주기 바란다."
하고 슬피 애원하였다.

길동이는 아무 말 없고 다만 맘대로 묶으란 듯이 두 손을 앞으로 내밀었다. 인형이는 그 손을 쇠사슬로 잘 묶어가지고 그 날로 서울을 향하야 떠났다.

길에서는 길동이가 잡혀온다는 소문을 듣고 모두들 구경을 나왔다.

"저 어른이 도적의 왕 길동이시다."

"저 양반이 우리에게 쌀을 노나주신 길동이시다."
하고들 수군거리며 어떤 사람은 그 옆을 지날 제 절을 하는 이도 있었다.

8. 여덟 길동이 대궐에 오다

대궐 안으로 인형이가 길동이를 끌고 들어서니, 놀라운 일이라, 다른 사람이 또한 길동이를 묶어 가지고 들어온다. 그리고 조금 있더니 또 다른 길동이가 들어오고, 또 들어오고 — 이렇게 순식간에 궁전 앞뜰에는 여덟 길동이가 쭉 들어섰다.

거기에 모여 섰던 대신들은 눈들을 크게 뜨고 벙어리같이 벙벙하였다.

임금님도 크게 놀라시며,

"이놈들! 대체 어떤 놈이 정말 길동이냐?"
하고 된통 호령을 하시었다. 그러니까 여덟 길동이가 제각기 서로,

"네가 정말 길동이지, 난 아니야."
하고 밀면 이번에는,

"제가 정말 길동이면서 괜히 날보고 그래."
하고 성을 낸다. 마는 얼굴도 똑같고 키도 똑같고 심지어

그 음성까지도 조금도 다른 곳이 없었다.

노하셨던 임금님도 하 기가 막히어 멀거니 넋을 잃으셨다. 그리고 한참 궁리하시다 급기야 길동이의 아버지를 옥에서 뜰로 끌어내게 하셨다.

"애비면 알 터이니 정말 길동이를 찾아내어라."

"네 황송합니다. 제 자식 길동이는 왼편 다리에 붉은 점이 있사오니 곧 찾아내겠습니다."

하고 아버지는 병에 야윈 해쓱한 얼굴을 땅에 박고 절을 하더니 길동이를 돌아보고는,

"이놈! 여기에 임금님이 계시고 또 느이 애비가 있는데 발칙스리 이놈!"

하고 호령은 했으나 그 자리에 피를 쏟고 푹 고꾸라지고 말았다. 병으로 가뜩이나 쇠약한 데다가 또 내 자식이 왕께 죄를 지었구나 하는 원통한 생각에 고만 기절되고 만 것이었다.

여러 대신들은 대경실색하야 일변 물을 떠다 먹인다 혹은 사지를 주물러 준다 하며 모두들 부산하였다. 임금님도 가만히 보시다가 가엾이 여기시고 당신이 잡숫는 명약까지 갖다 먹이게 하셨다. 그래도 피어나질 않고 그냥 꼿꼿이 굳고 말았다.

그제서야 여덟 길동이가 제각기 주머니를 훔척훔척 하더니 환약 하나씩을 꺼내들고 저의 아버지의 입에다 차례차례로 넣어주었다. 하니까 죽었던 아버지가 기지개를 한번 쓱 하고 그리고 손등으로 눈을 부비며 일어난다.

이때에 여덟 길동이가 임금님 앞에 나아와 공손히 절을 하고 하는 말이,

"임금님께서 길동이를 잡고자 하셨으나 실상은 아무 죄도 없사외다. 백성들의 피를 긁어먹고 사는 감사들의 재물을 뺏어다가 빈한한 농민에게 풀어주었으니 그 얼마나 고마운 일입니까. 앞으로는 저를 잡을랴 하시던 그 명령을 걷어주시기 바라나이다."

그리고는 여덟 길동이는 하나씩 둘씩 땅에 가 벌떡벌떡 나가자빠지고 만다.

임금님뿐 아니라 여러 사람이 입들을 멍하니 벌리었다. 왜냐면 곧 달려들어 쓰러진 길동이를 암만 뒤져보니 정말 사람 길동이가 아니라 죄다 짚으로 만든 제웅이었던 까닭이다.

9. 길동이 조선을 뜨다

그것은 꽃들이 만발한 그리고 따뜻한 봄날이었다. 장안

백성들은 사대문에 붙은 이상스러운 조의를 쳐다보며 수군거리고 하였나. 그 종이에는 이러한 글이 쓰여 있었다.

― 홍길동이는 암만해도 못 잡는 사람이니 그의 소원대로 병조판서兵曹判書의 벼슬을 시켜주시라. 그러면 임금님의 그 은혜를 갚기 위하여 마지막 하직을 여쭙고 부하들을 데리고 멀리 조선을 떠나리라 ―

대신들은 이것을 보고 서로 의론하야 보았다. 홍길동이 이놈을 제 원대로 병조판서를 시켜주면 그 은혜를 갚고자 대궐로 하직을 올 것이다. 그때 문간에서 여럿이 도끼를 들고 있다가 밖으로 나올랴 할 제 달려들어 찍어 죽이면 고만이 아닌가.

임금님께 이 뜻을 아뢰고 그날 저녁 때로 사대문에 방을 붙이게 하였다.

― 홍길동이에게 병조판서의 벼슬을 내리셨다. 낼로 와 인사를 여쭈어라 ―

그 이튿날 점심때가 좀 지나서이다. 남문으로 한 도련님이 나귀를 타고 들어오니 이것이 즉 길동이었다. 군중은 길동임을 대뜸 알고 서로 눈짓을 하며,

"저 양반이 길동인데, 잡힐랴고 저렇게 들어오나?"

"아니야 지금 병조판서를 하러 들어오신다."

하고들 경사나 만난 듯이 쑥떡쑥떡 하였다.

　그런 가운데로 지나며 길동이는 자랑스럽게 떡 버티고 궁전으로 들어갔다. 임금님 앞에 가 절을 깎듯이 하고 나서,

　"저의 죄가 큰 데도 용서하시고 병조판서까지 내리어 주시니 너무나 감사합니다. 약속대로 지금 곧 멀리 조선을 떠나겠나이다."
하고 마지막으로 하직을 하였다.

　대문 뒤에서는 길동이 나오기를 고대하며 손에 땀이 나도록 도끼를 힘껏 잡고 있었다. 그러다 길동이가 문간으로 나오는 것을 보고 틀림없이 머리 위에 내려치도록 도끼를 꼭 겨냥을 대고 있었다.

　그러나 길동이는 어느 틈에 알았는지 문간까지 한 서너 발자국을 남기고 공중으로 후루루 솟아 흰 구름을 타고 가는 것이 아닌가. 모두들 고개를 들고 닭 쫓던 개 모양으로 하늘만 멀뚱히 쳐다보았다.

　임금님도 그제야 길동이의 참 재주와 그 인격을 아시고 비로소 뉘우치셨다. 저런 길동이를 신하로 데리고 일을 하였더면 얼마나 행복이었을까. 또는 얼마나 정사를 편히 할 수가 있었을까. 이렇게 생각하시고 옆에 서 있

던 신하에게,

"홍길동이를 한 번 더 보고 싶다."

하고 멀리 놓쳐버린 길동이를 매우 아깝게 말씀하셨다.

─『신아동新兒童』제2호(신아동사. 1935. 10.). pp.54-67.

기 타-설문 및 좌담

새로운 문학文學의 목표目標

새로운 문학은 무엇을 목표로 할 것인가

　우리의 정조情調

　이 시대時代의 풍상을 족히 그리되 혈맥血脈이 통하야 제물로는 능히 기동할 수 있는 그런 성격을 착천鑿穿하는 곳에 우리의 숙제가 놓여 있는 듯도 하오니 위선 그 무엇보다도 우리의 정조와 교배할지니 제일 아직 품부족品不足이라면 그 전통으로 하여금 망신을 시키기에 수유須臾의 주저躊躇이나마 지닐 수 있을만치 고만치라도 예의를 찾는 것이 곧 우리의 급무라 하겠나이다.

　　　　　－『풍림風林』제1집(1996.12). p.34-35.

신인의 직언

1. 무슨 현상懸賞에 당선된 적이 있습니까?

―재작년 조선일보 현상문예에 입선한 일이 있었습니다.

2. 그때의 감상은?

―상금을 다달이 한 번씩 주었으면 좋겠다고 생각했습니다.

3. 그 후 자기 작품의 소신所信은 어떠했나?

―졸작拙作에 관하여는 한평생限平生 자신을 가져보지 못하고 죽을 듯싶습니다. 하나를 쓰고 나서 속을 조리고 둘을 쓰고 나서 애를 키웁니다.

―『풍림風林』제3집(1997.2).p.23/p.25.

문화문답文化問答

1. 조선문화朝鮮文化에 관한 서적을 몇 권이나 가지셨습니까?

―별루 없습니다,

2. 조선 고적지 중朝鮮古蹟地中 가보신 곳?

―개성 선죽교善竹橋가, 기억에 떠오릅니다.

3. 세계 역사상世界歷史上 어느 시대, 어느 민족의 문화가 훌륭하다 보십니까.

―아직은 없었던 듯합니다. 허나 앞으로 장차 노서아露西亞에 우리 인류를 위하야 크게 공헌貢獻될 바 훌륭한 문화가 건설되리라 생각합니다.

4. 조선에 새 문화를 건설할 방법은?

―도금식 허식渡金式虛飾을 벗어나 건실한 방법을 취해야겠지요.

-『조광』(1937.2).p.190./p.192-193.

취미문답趣味問答

1. 실내를 어떻게 장식裝飾하셨습니까.

―장마통에 스며든 빗물이 환을 친 데다가 요즘에는 거미줄이 선까지 둘렀습니다.

2. 화초분花草盆은 무엇을 두셨습니까.

―개나리, 목단牧丹

3. 오락은 무엇입니까.

―궐련卷煙 피는 것.

4. 한 달에 영화 구경 몇 번이나 가십니까.

―명화가 나와야 어쩌다 한 번 갑니다.

5. 무슨 레코 ― 드를 좋아하십니까.

―육자배기 같은 건 자다 들어도 싫지 않습니다.

-앞책.p.195./p.197.

도세문답渡世問答

1. 무엇으로 처세훈을 삼으십니까.

―자신에게 늘 이르되 다 살고 나서 부끄럼이 없으라고.

2. 돈 모으실 생각은 없으십니까.

―별루 없습니다.

3. 생사를 같이할 만한 친구가 있습니까.

―친한 친구가 있지요.

4. 선생은 세상에 무엇을 남기고 가시렵니까.

―글쎄요. 생각은 간절합니다마는 암만해도 결핵균 外結核菌外의 남을 것이 없는 듯합니다.

5. 아주 조선을 떠나고 싶지는 아니합니까.

―한 시간에도 몇 번을 떠났다 되돌아서고 또 떠나고 합니다.

-앞책.p.217./pp.219-220.

생활문답 生活問答

1. 이상적 결혼의 상대 이성은 어떤 이입니까.

—한 번 보지 않으면 알 수 없습니다. 처방서處方書와는 질이 좀 다르니까요.

2. 자녀에게 무엇을 가르치고 싶습니까.

—울지 않도록 가르치고 싶습니다. 궁상窮狀을 떠는 것도 운다 하더군요.

3. 토산으로 만든 조선옷을 입으십니까.

—네 일상 조선옷을 입습니다.

4. 조반朝飯은 어떻게 잡수십니까.

—오늘 아침은 밥을 먹었습니다. 내일 아침에는 옆집에서 죽을 갖다 주기로 되어 있습니다.

－앞책.p.267./p.270.

유모아 문답 問答

1. 만일 선생에게 백만 원圓이 생긴다면?

—우선 친구 모아 술 한 잔 먹고 그 담 계획은 깬 다음에 조리調理하겠습니다.

2. 전前 영황제英皇帝의 태도는 가합니까 부당합니까可

乎否乎?

―그는 황제皇帝 같지가 않습니다. 다만 사람 같습니다.

3. 만일 선생에게 기선汽船 일척一隻이 생긴다면?

―「지중해의 괴화地中海 怪火」를 구경하러 떠나겠습니다. 「지중해의 괴화地中海 怪火」란 어느 친구가 방금 계획 중인 장편소설의 제목입니다.

4. 만일 종로 네 거리가 선생의 사유지私有地라면?

―자동차, 전차, 자전차, 마차 등의 통행通行을 금지하겠습니다.

5. 죽어서 다시 무엇으로 태어나시려오?

―그건 악담이 되기 쉽습니다.

6. 삼 일간 천지가 캄캄해진다면?

―등불을 켜들고 산보를 다니겠습니다.

7. 인체 중에 한 가지를 더 가지신다면 무엇을 원願하십니까?

―폐를 한 너덧 개 더 갖고 싶습니다.

―앞책.p.381./p.384.

심경설문心境設問

1. 삼 년 전 삼월에 선생은 어느 곳에서 무엇을 하셨습니까?

―예산 등지에서 금광金鑛에 골몰汨沒하고 있었습니다.

2. 삼월에 잊지 못할 일은 없으십니까?

―왜요, 많습니다. 수없이 많으니 무엇부터 아뢰오리까.

3. 눈 오는 겨울과 비오는 봄밤을 선생은 어떻게 지내십니까?

―궂은 하늘을 멀거니 쳐다보며 공상空想에 잠깁니다.

4. 무슨 꽃을 좋아하십니까?

―목단牧丹도 좋고, 개나리도 좋고 옥잠화玉簪花도 좋고.

5. 매란국죽梅蘭菊竹 중에 어느 것이 선생의 맘과 같다 생각하십니까?

―그건 참 모르겠습니다.

-『조광』(1937.3).p.170./p.171.

유모아 설문設問

1. 애인이 떠날 때 상반신의 한 부분을 떼어두고 간다면 무엇을 요구하겠습니까?

―그까진 한쪽 뭣에다 씁니까. 같이 따라가겠습니다.

2. 연애는 할 것입니까? 안 할 것입니까?

―해서 좋을 사람은 하는 게 좋겠지요. 그리고 안 해 마땅할 분은 안 하는 게 좋겠습니다.

3. 여자나 동생이 만일 자유연애自由戀愛를 하는 때 어떻게 하겠습니까?

―저 좋을대로 하라지요.

4. 사랑하는 아내가 있는데 아름다운 여성이 연애를 하자면 어떻게 하시렵니까?

―처분이나 바랬지, 낸들 어떡하랍니까.

5. 절해고도絶海孤島에서 친우 두 사람이 단 하나의 이성을 만난다면 어떻게 하시렵니까?

―하나 더 생길 때까지 기다릴까요.

-앞책.p.246/p.247.

독서설문讀書設問

1. 조선문단朝鮮文壇의 문학서에서 감명感銘 깊게 읽으신 것.

―홍길동전洪吉童傳

2. 외국문학外國文學 중 감명 깊게 읽으신 것.

—제임스 조이스의 『율리시스』

3. 한 달에 독서하시는 혈수頁數.

—대중이 없습니다. 망령이 나면 한 삼천여 혈. 또 망령이 나면 한 혈 없습니다.

4. 장서藏書 중의 보배는 무엇입니까.

—더러 있던 걸 돈으로 바꾸었습니다.

—앞책.p.259./p.261.

인생설문人生設問

1. 요즘 일상생활 중 보고 들으신 것 중에 감명된 것 하나.

—요즘 모르는 분에게서 멀리 편지가 날아왔습니다. 너에게는 앞날에 복이 있을 것이니 아예 병구病軀를 슬퍼 말라구요. 고맙다고 눈물이 났습니다.

2. 누구를 위하야 사신다고 생각하십니까?

—당분간 저를 위하야 살기로 하였습니다.

3. 삶의 기쁨을 통절痛切히 느낀 것은 어떤 때입니까?

—별루 없겠지요.

4. 중병이나 빈곤貧困의 불행에서 얻은 귀하신 체험體驗은 무엇입니까?

―세상은 참으로 개명開明하였다고 생각했습니다. 모두들 또릿또릿하고 영리합니다.

5. 건강, 명예名譽, 금전 중 어느 것이 더 좋을까요?

―건강이 좋습니다.

―앞책.p.328./p.329.

공상설문空想設問

1. 다시 공부를 하신다면 어느 학문을 하시겠습니까?

―그 학비를 가지고 조그맣게 고가賈家를 내겠습니다. 그러니까 상업공부商業工夫지요.

2. 여자(남자)가 되셨다면 무엇부터 하시겠습니까?

―너무 활발하지 않도록 조심하겠습니다.

3. 여행 중에 봉변한 일은 없습니까?

―여행旅行 중만 아니라 일상생활日常生活에도 느긋합니다.

4. 영주지永住地를 택한다면 남쪽? 북쪽?

―남쪽도 아니요 북쪽도 아니요 그 중턱에서 뿔끈 솟아

창공蒼空으로 올라가고 싶습니다.

5. 세계만유世界漫遊를 하신다면 어디서 오래 묵고 싶습니까?

―서반아西班牙, 베니스

-앞책.p.334.

생활설문生活設問

1. 물가가 등귀騰貴하는데 선생은 이 대책을 어떻게 세웠습니까?

―저는 본시 대책이 없는 대책입니다.

2. 선생댁은 몇 식구이며 생활비는 얼마나 드십니까?

―일정한 식구라는 게 없고 또 일정한 생활비라는 게 없습니다.

3. 한 달에 외식은 몇 번이나 하십니까?

―별루 대중이 없습니다. 대개 점심點心만은 나와 먹습니다.

4. 지금껏 잊히지 못하는 음식飮食이 있습니까?

―여지껏 밥을 잊어본 일이 없습니다.

5. 가정생활에서 긴급히 고칠 점은 무엇입니까?

―밥을 안 먹고 사는 도리가 없을까요.

―『조광』(1937.4).p.234./p.238.

연예설문演藝設問

1. 중학생들에게 영화를 보이자는 것이 옳을까요?

―보이지 않는 것보다 선택選擇을 갖는 것이 옳을 듯합니다.

2. 선생은 영화映畵에서 얻은 것이 무엇입니까?

―현실과 꿈과의 연결입니다.

3. 연극演劇 보신 일이 있습니까? 그것을 보신 중 감명 깊은 것은?

―있습니다. 허나 미숙한 연극이라 별로 감명이랄 게 없었습니다.

4. 소설小說을 몇 편이나 읽으셨습니까?

―한 두어서너 편 읽었습니다.

5. 시詩를 몇 편이나 외우셨습니까?(원전 누락)

―없습니다.

―앞책.p.239./p.241

유모어 설문設問

1. 선생께서 만일 먹지 않고 살 수 있다면 그 대신으로 무얼 하시겠습니까?

―낮잠을 좀 자겠습니다.

2. 선생이 만일 날개가 달려 공중을 훨훨 날 수 있다면 어떤 일을 하겠습니까?

―공중空中에 올라가 그냥 번듯이 누워서 궐련을 한 개 피어보겠습니다.

3. 선생께서 만약 세계를 일주하시고 돌아오신다면 어떤 선물을 가지고 돌아오시겠습니까?

―술이나 몇 병 들고 오겠습니다.

4. 만약에 불사약不死藥이 있다면 어떻게 하시겠습니까?

―아 참으로 기쁩니다. 그때는 마음 놓고 밤을 새우겠습니다.

5. 선생은 언제 도적을 한번 맞아본 경험은 없습니까?

―여러 번 있습니다.

-앞책.p.246./p.248.

여행설문旅行設問

1. 여행하실 때 선생은 몇 등 차를 타십니까?

―여행이랄 만한 아무것도 없습니다.

2. 차 중에서는 무엇을 잡수십니까?

―위스키를 먹어보았습니다.

3. 차 중에서 독서는 안 하십니까?

―할 적도 있고 안 할 적도 있고 합니다.

4. 차가 속력速力을 내어 달아날 때 느끼는 일은 없습니까?

―나의 몸에서 정열을 느낍니다.

5. 차 중에서 맺은 로맨스는 없습니까?

―있습니다.

―앞책.p.251.

애정설문愛情設問

1. 친구나 애인에게 배반당한 일이 있습니까?

―배반을 당하기 전에 이쪽에서 미리 제독制毒하고 맙니다.

2. 우정이나 연정戀情 때문에 괴로운 일을 당한 일은 없습니까?

―더러 있습니다. 그것이 가끔 무서운 추억追憶을 가져옵니다.

3. 세상에서 가장 아끼고 사랑하는 게 무엇입니까?

―사람의 무서운 정입니다.

4. 선생의 동창小中專大 중에서 가장 먼 곳에 가 있는 분이 계십니까?

―자세히 알 수 없습니다.

5. 국제결혼國際結婚을 어떻게 보십니까?

―국제결혼은 하면 좋고 안 해도 좋고 그렇습니다.

-앞책.p.391./p.394.

문인文人과 우문현답愚問賢答

1. 장사를 하신다면 무슨 장사를 하시렵니까?

―과실果實장사를 하겠습니다.

2. 무인도에 가서 평생을 살게 된다면 무엇을 가지고 가시렵니까?

―귈련과 술 몇 통桶 들고 갈까요.

3. 선생 얼굴 중에서 제일 자신 있는 부분이 어디십니까?

―건망증健忘症에다 거울을 본 지가 오래 돼서 잘 모르겠습니다.

4. 또 제일 보기 싫다고 생각되는 데 없습니까?

―그러니까 이것도 모르지요.

5. 만일 마음대로 할 수 있다면 한 평생을 어떻게 살고 싶습니까?

―허공虛空에 둥실 높이 떠올라 그곳에서 한평생限平生을 늙히고 싶습니다.

　　　－『김유정 전집』(현대문학사, 1968). p.388.

좌 담

기성문인既成文人과 신진작가新進作家

　문) 신문에 장편長篇 하나만 발표해도 기성문인 소리를 듣는 풍토에 대하여.

　답) 물론 그 질만 좋으면이야, 단 한 편의 신문소설을 쓰고라도 문인대접을 받는 것이 옳겠지요. 그러나 우리 문단에서는 다작이라야 행세하는 그런 경향傾向이 없는 것도 아닙니다.

－『조선문단』(1935.8).p.145.

각 신문 집필자 문제各新聞執筆者問題

문) 문단에 종파宗派가 있어 집필기회執筆機會가 국한되는 풍토에 대하여.

답) 그 동기動機는 좌우간 결과로 본다면 은연중 파별派別되어 있는 감은 없지 않습니다. 이렇게 나가다는 문사라고 그리 많지 않은 우리 문단文壇이니 종말에는 자가일파自家一派의 독불장군獨不將軍이 안 될까요.

-앞책.p.147.

시 선視線

이상의 시선

암만해도 성을 안 낼 뿐만 아니라, 누구를 대할 때든지 늘 좋은 낯으로 해야 쓰느니 하는 타입의 우수한 견본이 김기림이다.

좋은 낯을 하기는 해도, 적이 비례非禮했다거나 끔찍이 못난 소리를 했다거나 하면, 잠자코 속으로만 꿀꺽 업신여기고 그만두는, 그러기 때문에 근시 안경을 쓴 위험인물이 박태원이다.

업신여겨야 할 경우에 "이놈! 네까진 놈이 뭘 아느냐?"라든가, 성을 내면 "여! 어디 덤벼 봐라."쯤 할 줄 아는, 하되 그저 그럴 줄 알다 뿐이지, 그만큼 해 두고 주저앉는 파에, 고만 이유로 코 밑에 수염을 저축한 정지용이 있다.

모자를 홱 벗어던지고, 두루마기도 마고자도 민첩하게 턱 벗어던지고, 두 팔 훌떡 부르걷고, 주먹으로는 적의 볼따구니를, 발길로는 적의 사타구니를 격파하고도, 오히려 행유여력에 엉덩방아를 찧고야 그치는 희유의 투사가 있으니 김유정이다.

누구든지 속지 마라. 이 시인 가운데 쌍벽과 소설가 중 쌍벽은 약속하고 분만된 듯이 교만하다. 이들이 무슨 경우에 어떤 얼굴을 했댔자, 구실은 그 교만에서 산출된 표정의 데포르마시옹 외의 아무것도 아니니까, 참 위험하기 짝이 없는 분들이라는 것이다.

이분들을 설복할 아무런 학설도 이 천하에는 없다. 이렇게들 또 고집이 세다.

나는 자고로 이렇게 교만하고, 고집 센 예술가를 좋아한다. 큰 예술가는 그저 누구보다도 교만해야 한다는 게 내 지론이다.

다행히 이 네 분은 서로들 친하다. 서로 친한 이분들과 친한 나 불초 이상이 보니까, 여상의 성격의 순차적 차이가 있는 것은 퍽 재미있다. 이것은 혹 불행히 나 혼자의 재미에 그칠는지 우려지만, 그래도 좀 재미있어야 되겠다.

작품 이외의 이분들의 일을 적확히 묘파해서 내 비교

교우학交友學을 결정적으로 여실히 가겠다는 비장한 복안이어늘.

소설을 쓸 작정이다. 네 분을 각각 주인공으로 하는 네 편의 소설이다.

그런데, 족보에 없는 비평가 김문집 선생이 내 소설에 59점이라는 좀 참담한 채점을 해 놓으셨다. 59점이면 낙제다. 한 끗만 더 했더면 — 그러니까 서울말로 '낙제 첫찌'다. 나는 참 낙담했습니다. 다시는 소설을 안 쓸 작정입니다 — 는 즉 거짓말이고, 이 경우에 내 어쭙잖은 글이 네 분의 심사를 건드린다거나, 읽는 이들의 조소를 산다거나 하지나 않을까 생각을 하니 아닌 게 아니라 등어리가 꽤 서늘하다.

그렇거든, 59점짜리가 그럼 그렇지 하고 그저 눌러 덮어 주어야겠고, 뜻밖에 제법 되었거든 네 분이 선봉을 서서 김문집 선생께 좀 잘 좀 말해 주셔서, 부디 급제를 시켜주시기 바랍니다.

김유정 편

이 유정은 겨울이면 모자를 쓰지 않는다. 그러면 탈모

인가? 그의 그 더벅머리 위에는 참 우굴쭈굴한 벙거지가 얹혀 있는 것이다. 나는 걸핏하면,

"김형, 그 김형이 쓰신 모자는 모자가 아닙니다."

"김형(이 김형이라는 호칭인즉슨 이상을 가리키는 말이다.) 거 어떡하시는 말씀입니까?"

"거 벙거지, 벙거지요."

"벙거지! 벙거지! 옳습니다."

x원도 x남도 유정의 모자 자격을 인정하지 않는다. 벙거지라고 밖에!

엔간해서 술이 잘 안 취하는데, 취하기만 하면 딴 사람이 되고 만다. 그것은 무엇을 보고 아느냐 하면……

보통으로 주먹을 쥐고 쓱 둘째손가락만 쭉 펴면, 사람 가리키는 신호가 되는데, 이래 가지고는 그 벙거지 차양 밑을 우벼 파면서 나사못 박는 흉내를 내는 것이다. 하릴없이 젖먹이 곤지곤지 형용에 틀림없다.

창문사에서 내가 집무랍시고 하는 중에 떠억 나를 찾아온다. 와서는 내 집무 책상 앞에 마주 앉는다. 앉아서는 바윗덩어리처럼 말이 없다. 낸들 또 무슨 그리 신통한 이야기가 있으리오. 그저 서로 벙벙이 앉았는 동안에 나는 나대로 교정 등속의 일을 한다. 가지가지 부호를 써서 내

가 교정을 보고 있노라면, 그는 불쑥,

"김형! 거 지금 그 표는 어떡허라는 건가요?"

이런다. 그럼 나는 기가 막혀서,

"이거요, 글자가 곤두섰으니, 바로 놓으란 표지요."

하고 나서는 또 그만이다. 이렇게 평소의 유정은 뚱보다. 이런 양반이 그 곤지곤지만 시작되면 통성을 다시 해야 한다

그날 나도 초저녁에 술을 좀 먹고 곤해서 한참 자는데, 별안간 대문을 뚜드리는 소리가 요란하다. 한 시나 가까웠는데 — 하고 눈을 비비고 나가보니까, 유정이 B군과 S군과 작반해 와서 이 야단이 아닌가? 유정은 연해 성히 곤지곤지 중이다. 나는 일견에 "이키! 이건 곤지곤지구나." 하고, 내심 벌써 각오한 바가 있자니까 나가잔다.

"김형! 이 유정이가 오늘 술 좀 먹었습니다. 김형! 우리 또 한 잔 하십시다."

"아따, 그러십시다그려."

이래서, 나도 내 벙거지를 쓰고 나섰다.

나는 단박에 취해버려서, 역시 그 비장의 가요를 기탄없이 내뽑았던가 싶다. 이렇게 밤이 늦었는데, 가무음곡

으로서 가구를 소란케 하는 것은 법규상 안 된다. 그래 주파가 이러니 저러니 좀 했더니, S군과 B군은 불온하기 짝이 없는 인사로 주파를 탄압하면, 유정은 또 주파를 의미 깊게 흘낏 한 번 흘겨보더니,

"김형! 우리 소리 합시다."

하고, 그 척척 붙어 올라올 것 같은 끈적끈적한 목소리로 강원도 아리랑 팔만구암자를 내뽑는다. 이 유정의 강원도 아리랑은 바야흐로 천하일품의 경지다.

나는 소독저로 추어 보시깃전을 갈기면서 장단을 맞추며 좋아하는데, 가만히 보니까 한쪽에서 S군과 B군이 불화다. 취중 문학담이 자연 아마 그리된 모양인데, 부전부전하게 유정이 또 거기 가 한몫 끼이는 것이다. 나는,

"술들이나 먹지 저 왜들 저리누."

하고 서서 보고만 있자니까, 유정이 예의 그 벙거지를 떡 벗어던지더니, 두루마기, 마고자, 저고리를 차례로 벗어젖히고는 S군과 맞달라붙는 것이 아닌가?

싸움의 테마는 아마 춘원의 문학적 가치 운운이던 모양인데, 어쨌든 서로 어지간히들 취중이라, 문학은 저리 집어치우고 인제 문제는 체력이다. 뺨도 치고 제법 태껸들도 한다. B군은 이리 비칠 저리 비칠 하면서 유정의 착의

일식을 주워들고 바로 뜯어 말린답시고 한가운데 가 끼어서 꾸기적꾸기적 하는데, 가는 발길 오는 발길에 이래저래 피해가 많은 꼴이다.

놀란 것은 주파와 나다.

주파는 술은 더 못 팔아도 좋으니, 이분들을 좀 밖으로 모셔 내라는 애원이다. 나는 S군과 협력해서 가까스로 용사들을 밖으로 끌고 나오기는 나왔으나, 이번에는 자동차가 줄 대서 주래하는 대로 한복판에서들 활약이다. 구경꾼이 금시로 모여든다. 용사들의 사기를 백열화한다. 나는 섣불리 좀 뜯어말리는 체하다가, 얼떨결에 벙거지 벗어진 것이 당장 용사들의 군용화에 유린을 당하고 말았다. 그만 나는 어이가 없어서 전신주에 가 기대서서 이 만화를 서서히 감상하자니까······.

B군은 이건 또 언제 어디서 획득했는지 모를 오홉들이 술병을 거꾸로 쥐고, 육모방망이 내휘두르듯 하면서 중재중인데, 여전히 피해가 많다. B군은 이윽고 그 술병을 한번 허공에 한층 높이 내휘두르더니, 그 우렁찬 목소리로 산명곡응하라고 최후의 대갈일성을 시험해도 전황은 여전하다.

B군은 그만 화가 벌컥 난 모양이다. 그 술병을 지면 위

에다 내던지고 가로되,

"네놈들을 내 한꺼번에 쥐기겠다."

고 결의의 빛을 표시하더니, 좌충우돌로 동에 번쩍 서에 번쩍, S군, 유정의 분간 없이 막 구타하기 시작이다.

이 광경을 본 나도 놀랐거니와, 더욱 놀란 것은 전사 두 사람이다. 여태껏 싸움 말리는 역할을 하노라고 하던 B군이 별안간 이처럼 태도를 표변하니, 교전하던 양인이 놀라지 않을 수가 없다.

B군은 위선 유정의 턱 밑을 주먹으로 공격했다. 경악한 유정은 방어의 자세를 취하면서 한쪽으로 비키니까, B군은 이번에는 S군을 걷어찼다. S군은 눈이 뚱그래서 이역 한편으로 비키면서 이건 또 무슨 생각으로,

"너! 유정이! 뎀벼라."

"오냐! S! 너! 나한테 좀 맞어 봐라."

하면서 원래의 적이 다시금 달라붙으니까, B군은 그냥 두 사람을 얼러서 걷어차면서 주먹비를 내리우는 것이다. 두 사람은 일제히 공세를 B군에게로 모아 가지고 쉽사리 B군을 격퇴한 다음, 이어 본전을 계속 중에 B군은 이번에는 S군의 불두덩을 걷어찼다. 노발대발한 S군은 B군을 향하여 맹렬한 일축을 수행하니까, 이 틈을 타서 유정은

S군에게 이 또한 그만 못지않은 일축을 결행한다. 이러한 B군은 또 선수를 돌려 유정을 겨누어 거룩한 일축을 발사한다. 유정은 S군을, S군은 B군을, B군은 유정을, 유정은 S군을, S군은⋯⋯.

이것은 그냥 상상만으로도 족히 포복절도할 절경임에 틀림없다. 나는 그만 내 벙거지가 여지없이 파멸한 것은 활연히 잊어버리고, 웃음보가 곧 터질 지경인 것을 억지로 참고 있자니까, 사람은 점점 꼬여드는데, 이 진무류珍無類의 혼전은 언제나 끝날는지 자못 묘연하다.

이때 옆골목으로부터 순행하던 경관이 칼소리를 내이면서 나왔다. 나와서 가만히 보니까, 이건 싸움은 싸움인 모양인데, 대체 누가 누구하고 싸우는 것인지 종을 잡을 수가 없는 것이다. 경관도 기가 막혀서,

"이게 날이 너무 춥더니 실신들을 헌 게로군."

하는 모양으로 뒷짐을 지고 서서 한참이나 원망遠望한 끝에 대갈일성,

"가에렛!"

나는 이 추운 날 유치장에를 들어갔다가는 큰일이겠으므로,

"곧 집으로 데리고 가겠습니다. 용서하십시오. 술들이

몹시 취해 그렇습니다."
하고, 고두백배한 것이다.

　경관의 두 번째 "가에렛(돌아가!)" 소리에 겨우 이 삼국지는 아마 종식하였던가 한다.

　이 이야기를 듣고 태원이,
　"거 횡광이일橫光利一의 기계 같소 그려."
하였다. (물론, 이 세 동무는 그 이튿날은 언제 그런 일이 있었더냐는 듯이 계속하여 정다웠다.)

　유정은 폐가 거의 결딴이 나다시피 못 쓰게 되었다. 그가 웃통 벗은 것을 보았는데, 기구한 수신이 나와 비슷하다. 늘,
　"김형이 그저 두 달만 약주를 끊었으면 건강해질 텐데."
해도 막무가내하더니, 지난 7월 달부터 마음을 돌려 정릉리 어느 절간에 숨어 정양중이라니 추풍이 점기에 건강한 유정을 맞을 생각을 하면, 나도 함께 기쁘다.

안회남의 시선

겸 허謙虛(김유정전)

유정이는 세상이 다 아는 바와 같이, 폐병으로 해서 설흔 살을 채 못 살고 세상을 떠났다. 그러나 그의 이러한 불행은 그가 병상에 눕기 벌써 오래 전부터 작정되었었던 것이라고 나에게는 생각된다. 즉 그것은 우연적인 것이 아니라, 피치 못할 운명이었다고……

며칠 전 유정이의 유고를 정리하다가, 그의 중학 이학년 때의 일기 속에서 다음과 같은 의미의 문자를 발견하였다.

"아아, 나는 영광이다. 오늘 학교에서 '호강나게'砲丸投를 하며 신체를 단련했다. 그런데 나도 모르는 사이에 호강이 나의 가슴 위에 와서 떨어졌다. 잠깐 아찔했다. 그러나 그것뿐으로 나는 쇳덩이로 가슴을 맞았는데도 아무렇지도 않했다. 나의 몸은 아버님의 피요, 어머님의 살이요, 우리 조상의 뼈다. 나는 건강하다. 호강으로 가슴을 맞고도 아무렇지 않다. 아아, 영광이다. 영광이다."

그와 나와는 같은 학교를 일학년부터 함께 다녔으나, 친하여지기는 삼학년 시대서 비롯하였으니까, 그 전일은 소상하지 못하다. 아무리 감격하기 쉬운 소년의 마음이었기로서니, 그 무지한 쇳덩이로 가슴을 얻어맞고, 그것을 영광이다 영광이다 하고 외쳤음은 무슨 까닭이었을까 —.

유정과 내가 가깝게 된 연유는 언젠가 수필 속에서도 이야기한 일이 있거니와, 서로 똑같이 잘 학교를 빠지는 때문이었다. 내가 유정을 주목하기 시작하고 유정이 또한 나를 주목하기 시작했던 모양이다. 어느 날 그가 우리 집엘 찾아왔고, 다음에 내가 그의 집엘 가고 했다.

책보를 하나씩 끼고 아침 나란히 서서 학교엘 가며 우리의 걸음은 될 수 있는 대로 늘이었다. 그리고 학교 이외의 딴 방향으로 갈 수 있는 지점에 이르러서는 두 소년 중

한 사람의 입으로부터 기어이,

"얘, 오늘도 늦었겠다."

하면, 또 유정이나 내 대답이,

"글쎄 벌써 출석부를 불렀겠지."

하고는 누구든지 제 임의로 옆 상점집에 걸려있는 시계를 들여다보구 와서는,

"어이구 벌써 십 분이나 지났는데?"

하는 것이었다. 이것들은 물론 오늘도 학교를 베어때리자는 의논이었고, 이렇게 해서 샛길로 빠져 취운정으로 혹은 남산공원으로 달아났었으며, 어린 마음에 그때는 학교를 결석하는 것만도 무서운 죄 같아서 둘이서는 각각 가슴 속에서 두 방맹이질을 하는 것이었으나, 그러나 유정은 옆에 내가 있으므로 하여서, 나는 옆에 유정이가 있으므로 하여서 모두 어지간히 활발한 소년일 수 있었던 것이다.

우리 학교는 꽤 큰 건물이고, 게다가 붉은 벽돌집이어서 남산 같은데 올라서면 빤히 내려다보였다.

"지금 무슨 시간일까?"

"영어시간이겠지."

"어디 봐라."

학과시간표를 펴서, 가령 열한 시쯤 된 경우라면 그 시간을 짚어 보는 것이다.

"에이 댓수시간인데?"

"집어쳐라 그건."

깨끗하고 넓은 공원 마당에서 우리는 한바탕 땅재주를 넘고,

"다음은?"

또 다시 시간표를 내보고,

"역사!"

"그래."

양명한 날 햇볕에 곱게 내려다보이는 학교에 마주앉아 역사 공부를 한다고 하면서는 결국 활동사진 이야기로 끝을 막고,

"뚜―"

하고 오정이 불면,

"점심시간이다."

떠들며 변또를 내어 게눈 감추듯 먹어치우고 그러면서 속으로는 인제 변또를 먹어 없애었으니까, 집엘 들어가도 학교 갔다 왔다는 표시가 된다. 안심하고 그리고 저녁이 되면 어슬렁어슬렁 거리로 내려온 것이었다.

우리는 수학여행도 즐기지 않았다. 여행 시즌이 되어 선생님과 동무들이 다 명승고적을 찾아 떠난 후 텅 빈 그 큰 학교와 넓은 마당에 단 둘이서 제 마음껏 시시덕거리며 뛰어노는 며칠 동안을 우리는 일 년 중 가장 좋은 명절로 쳤던 것이다. 그러나 이러한 우리의 행동이 내 자신은 모르나, 유정에게 있어서만은 결단코 불량적인 경향이 아니었다. 우선 학교를 빠지는 것만 해도 베어때린다는 사실은 동일하나, 나는 그래도 어느 정도의 자유가 있어 결석하는 것이었고, 유정은 반대로 너무 속박을 받아, 말하자면 조금이라도 자유를 얻어 보려는 행동이 거기까지에 미친 것이라고 볼 수 있는 것이다.

  산에서 거리로 내려와, 여기저기 붙어있는 '포스터' 구경도 하고, 책사엘 들러 책도 뒤적거리다가, 먼저 우리집으로 들어오는데 이것은 함께 결석을 하고 나서 유정이 나를 바라다주어, 나의 무사함을 알기 위함이요, 인제 나는 또한 공범자의 의리로써 유정을 그의 집까지 전송할 참인 것이다.

  유정은 우리집에 와서 항용 궁둥이가 무거웠다. 그때 유정의 가정은 몰락해가면서도 근 삼십간이나 되는 집에 들어 있었는데, 습하고 음침한 냉기가 도는 그의 집을 나는 우선 외양부터 좋아하지 않았지만, 유정은 그것뿐만 아니라, 내면적으로 더욱 우울한 사정이 있었던 모양이다.

"밥 먹구 가거라."
하면 유정은 우리집 안식구들을 꺼려서 그랬든지 질색을 하며 펄쩍 일어나 나갔다. 그러나 지금 생각하면 그는 분명히 그때 자기집엘 돌아가기 싫어하였다. 속으로는 권하는 대로 그냥 우리집에 앉아서 얼마나 평화스럽게 같이 저녁을 먹고 싶어 했었으랴 ―. 여튼 이리하여서 모두 어지간히 활발한 소년일 수 있었던 것이다.

하루 그를 집에까지 데려다주고, 유정이 난관을 무사히 통과하나, 나는 중문간에 기대어 서서 귀를 대이고 안마당의 기척을 엿듣고 있었다. 가만히,

"이놈 유정아."
"이놈 유정아."

별안간 이렇게 호통을 치는 소리가 들리어왔다. 날마다 밤마다 술 취하는 유정의 형님, 그의 백씨가 팔을 걷고 식식거리며 대청 위에 섰고, 그 앞에 조그마한 유정이 엎디어 있는 꼴을 나는 넉넉히 짐작할 수 있었다.

"네 이놈 칼을 받을 테냐?"

"네 이놈 주먹을 받을 테냐?"

물론 가엾은 유정은 굳이 칼을 사양하고 주먹을 받았다. 일찍이 어린 그가 운동장에서 놀다가 커다란 쇳덩어리에 가슴을 얻어맞고도 오히려,

"영광이다, 영광이다, 아무 일 없다."

하고 외치며 일기에까지 기록하여 둔 것은 항상 이러한 위협에 쪼들려 지낸 탓이 아니었던가 한다. 그가 나를 동무하여 함께 학교를 베어때리기 비롯한 것도, 이를테면 한 개 투쟁의 형식이요, 반항의 형식이었으며, 자기자신을 위하여 즐겁고 아름다운 시간을 가져보려는 자연한 노력이었다.

유정이 제 육체를 어루만지며,

"나의 몸은 아버님의 피요, 어머님의 살이며, 우리 조상의 뼈다."

이렇게 부르짖는 모양이 눈에 선하다. 그는 가정과 혈육에 대하여 한편 증오하는 감정이 불 일 듯하면서도 일변으로는 거기 끝없는 애정을 가졌던 모양이다. 그것은 방탕하여 정신이 없는 형님을 위로 모셨으나, 양친께서는 그가 어릴 때 일찍이 돌아가 아버님과 어머님의 사랑을 맛보지 못한 까닭이리라.

그는 어머님의 한 장 사진을 어느 때는 책상 위에 모셔 놓고 그 앞에서 책을 읽었고, 어느 때는 몸에 지니고 다니며, 이따금씩 내어보았다.

"필승아, 우리 어머니 사진!"

언젠가 그가 사진을 나에게 수줍은 표정으로 보여주었을 때, 내가 한참 그것을 들여다보고 있으려니까, 유정은,

"우리 어머니 미인이지?"

하고 물었다. 딴은 보아하니, 그의 어머님의 사진은 삼십 전후 아주 젊은 시절에 박은 것으로, 웬만치 장성한 남자이면 제 마음대로 외람한 생각을 품을 수 있을 그런 것이었다.

"우리 어머니 참 예쁘다."

얼굴이 발개지며 이렇게 말하던 그의 자태를 지금도 잊을 수 없다. 유정은 어머니를 존경하는 나머지 어머님을 천하에 드문 미인으로 우상화하여 부지불식간 노력했던 것 같다. 왜 그러냐 하면 그때서부터 우리에게는 젊고 아름다운 여자가 제일이었으니까 ─.

그러나 칼이냐, 주먹이냐, 그 둘 중에서 하나를 취하여야만 할 유정이 밤낮으로 어머님 초상 앞에서 꿇어 빌고

빌었으나, 옛날에 돌아가신 어머님이 따뜻한 손을 내어밀어 가엾은 유정의 머리를 한번인들 쓰다듬어 줄 리 만무였으며, 유정도 또한 그것을 꿈엔들 바랐었으랴. 그것은 오직 기도하는 정성뿐이었으며, 자기를 희생하는 데서 오는 스스로의 만족이다. 나는 이것을 그의 후년의 연애와 관련하여 생각하고 싶다.

남이 손가락질하며 비웃을만치 그가 그렇게 많이 비참한 외쪽사랑의 슬픔을 겪으면서도 겉으로 태연자약했던 것은 어머님을 존경하는 마음, 어머님을 예쁘다고 하는 생각, 어머님을 그리워하는 정성, 이것이 그대로 자기가 연모하는 상대편 여자에게까지 연장하여 그저 꿇어 엎드리고, 그저 미화하고, 그저 모든 것을 바치려는 태도를 취하게 된 것이리라 믿는다. 유정은 어머님에게 대한 사랑에 있어서나 애인에게 대한 사랑에 있어서나 그 보수를 채 상상하지 않고, 우선 정열이 불탔던 것이다.

그가 맨 처음으로 연애한 이성은 한 유명한 기생이었다. 물론 짝사랑이다. 그 시절의 유정은 점잖은 집안의 처녀들을 퍽 경멸하고 싫어하였는데 이것도 그의 가정에 대한 울분의 폭발이었으며, 그렇기 때문에 자연 사랑의 대상을 그와 대치적 세계의 화류 방면에서 구하게 된 것이라고 생각한다. 이것이 그에게 있어서 가장 큰 비참한 일이다.

　유정이는 그때 이십을 조금 넘은 때였고, 기생은 적어도 그보다 오륙 세는 위였을 것이다. 그러니까 유정이가 지니고 있는 단 한 장의 젊은 시절에 박은 어머님 사진과 이 기생의 사진과는 두 여인네가 서로 나이로 보아 비슷한 관계에 있었을 것이다. 기생에게 남자동생이 있었는데, 그 사람이 유정보다도 오히려 한 살을 더 먹었는가 그랬다. 될 이치가 없는 일이다.

　"저 그거 누님께 전해 드리셨에요?"

　"네 어제밤에."

　"그래 뭐라세요?"

　"암말도 안하세요."

　"네!"

　"낼 알어다 드리죠."

　"감사합니다."

　유정과 기생오라비와는 이런 말을 가끔 주고받고 했었다.

　그때만 해도 유정이는 상당한 집안의 도련님이신지라, 어떻게 형님 눈을 피하여서 기생에게 값 많은 선물도 보내고, 또 그 오라비에게 돈도 빼앗기고 했던 모양이다. 이를테면 유정의 애인(이런 투의 나의 말솜씨가 불손한 것일까?)이 출연을 하는 연주회에는 꼭 그가 출석하였고, 또 노래를 부르는 방송에는 으레 귀를 기울였으며 때로는 요정에서 제법 그 늙은 기생과 더불어 주연을 같이 하였다. 그러나 그러한 좌석에는 의식적으로 나를 피하여 함께 술잔을 나누지 않았는데, 아마 까다로운 회남의 비평과 충고가 두렵고 귀찮은 때문이었을 것이다. 그리하여 그는 그때 전문학교 시절의 발랄한 몸이면서도, 새로운 세대의 새이지의 감동력도 없이 그저 우울하고 초조하고 비관적이어서 무슨 남도 소리를 한답시고,

"문경의 새재는 으 응 으으."

어쩌고 저쩌고 하다가,

"오대야 구부구부 눈물이다."

뭐 한숨이 절로 나온다고 하면서 이따금 당치도 않은 목청을 뽑고 했다. 이러한 일면을 모르는 사람은 인간 유정의 아름다운 점으로 보나, 나는 좋지 않게 여긴다. 그 기생이 남도소리의 명창이었던 것이다.

유정의 순심과 정열에만은 머리를 숙일만하다. 젊은 유정과 그 일류 기생과의 관계는 위에 이야기한 그 정도에

멈추었을 뿐, 유정은 연애로써 완전히 실패할 밖에 도리가 없을 운명을 내포한 그대로, 사실 그대로, 자기의 사랑이 짝사랑에 떨어지고 말았으나, 끝끝내 애인을 숭앙하고 미화하고 모든 것을 바치려는 노력을 버리지 않았다.

그 뒤 유정의 집안이 급속도로 아주 몰락하면서, 기생 아씨는 저보다도 나 어린 유정을 좀더 얕잡아 보았고, 초라한 유정을 더욱 박대하였고, 사랑이니 애인이니 정열이니 생명을 바치느니 당신을 위하여 사느니 죽느니 그렇게 오랫동안을 두고 눅진하게 덤벼드는 유정을 일층 귀찮게 여겼던 것이다. 그 시절의 유정의 일기와 편지가 일부분 내 손으로 지금 보관되어 있는데 읽어보면, 그것은 유정의 헛된 꿈이었으며, 꿈이라도 그의 무서운 악몽일 것이다. 뿐만 아니라, 연애의 대상이었던 그 기생의 사진도 서너 장이 나에게 있는데, 내 눈엔 뭐 예쁠 것도 없다. 커녕 전일을 되풀이하여 보면, 그 여자에게 손톱만치라도 존경하는 마음을 가질 수 없는 것은 이미 옛사람이 된 친우 유정군을 위하여 심히 미안한 일이다.

그의 집 재산은 한 오륙십만 원, 그러니까 그때 법제대로 불러서 육천 석이나 되는 것을 그의 백씨가 모두 탕진하여 버렸다.

"유정아, 어떤 이가 느이 아주머니냐?"

"퍼렁치마 입은 이냐? 회색 치마 입은 이냐?"

"아 저기 저 흰 저고리 입고 섰는 이?"

언젠가 나는 유정이의 방에서 몰래 안채를 들여다보다가, 할 수 없이 이렇게 유정더러 물어봤던 것이다. 그의 집에는 유정이 아주머니라고 부르는 여인네가 수없이 많은 것 같아, 나는 그의 형수인 정말 아주머니를 알아내기까지 사실 오래 걸렸다. 묻는 나도 얼굴을 찡그렸지만, 대답하는 그도 얼굴을 찡그렸다. 경향 각지의 딴 곳에도 첩이 있었는지 그것은 내 알지 못했고, 또 알아 무삼하리오마는, 하여간 이 한 집안에도 그 외 백씨의 요새말로 제이부인 제삼부인이 득실득실했었다. 한때는 돈을 끼었다시피하고, 취하여 십 원짜리 따위로 코를 풀어버리면 옆에서 시중을 들고 섰던 기생들이 집어넣고 집어넣고 했다는 소문까지 있는데,

"못났다!" 이런 욕을 유정 듣는 데서 한 일도 있는 상싶다.

그러나 유정의 형님이 결단코 악인은 아니었다. 말하자면 변인이고 어떻게 보면 좀 정신에 이상이 있는 사람이 아닌가도 생각된다.

"너 이놈 유정아, 칼을 받을 테냐, 주먹을 받을 테냐. 둘 중에 하나 받아라."

유정이 어릴 때 부모도 일찍 여읜 그 아우에게 이렇게 한 것을 생각하면 잔인한 짓이나 가산을 모두 없앤 후 장성한 유정과 인제는 술친구가 되어 대취한 후이면,

"너 이놈 유정아, 형님이 주는 술잔을 받아라."

"술잔을 받아라."

하고 대성질호한 것을 향하여 생각하면 거기에는 전자와 후자 서로 일맥상통한 것이 있어 호쾌한 인정미가 떠돈다.

유정의 집이 아주 몰락해서 식구들이 제각기 뿔뿔이 헤어지고 셋방살이를 하게 되었을 때 나는 내 역시 나대로 결혼문제로 하여 조모님과 충돌이 되어가지고 한 분 어머님과 함께 '유각골'에다 단간방을 얻어, 그 속에서 게으른 생활을 하였다. 나의 연애와 결혼에 대한 이야기는 나의 수많은 소위 신변소설身邊小說과 수필로 인하여 이미 세상이 다 알고 그 속에는 유정의 중요한 '에피소드'도 한몫 보여진다.

어떤 날 방에 누워 이슥토록 책을 읽으려니까,

"필승아."

"필승아."

부르는 소리가 나길래, 나가보매 유정이었는데,

"저 우리 형님 모시고 왔다."

하였다. 딴은 그의 뒤에 내가 늘 호랑이 같이 무서워하던 그의 백씨가 서있었다. 나를 보더니,

"어허, 필승이 하 하 하 하 하······."

"나도 사람일세."

"허허 우리 술이나 한 잔 들지, 하하."

그 분이 나중에는 유정과 나를 만나면 언제나 '허허' '하하' 소리뿐이었다. 그때 우리 세 사람은 모두 검정빛 두루마기를 입고 머리는 언제든지 더북하고 그리고 일제히 팔짱들을 끼고 선술집으로 돌아다녔는데, 당장 궁하니까 그저 '뼈다귀집'이니 '순대집'이니 '빈대떡집'이니 하는 싸고 헐한 데로만 일상 찾아들었다. 가난이 족 흘렀다.

그 당시의 유정의 숙소인 유정의 누님댁으로 가서 대문을 손끝으로 밀어보아, 그것이 걸려 있으면 나는 안심을 하고,

"유정아."

소리쳤고 그러면 또 유정이는,

"그래."

하며 대답이 끝나기 무섭게 일어나 나와 문을 열었다. 그러면 유정이가 그렇게 민첩하고 부지런해서 그랬느냐 하면 그런 것이 아니다. 퍽 게으르고 느렸다. 그의 방안엘 들어가 보면, 이부자리도 걷지 않고 있는 때가 예사요, 책, 신문지, 장기판, 담배갑, 재떨이 등으로 지저분하고 어디서 그렇게 큼직한 요강을 구하였는지 어떻든지간에 그놈을 방 한가운데다 놓아두고는, 이따금씩 '칵' '칵' 하며 가래를 뱉는 것은 물론 오줌을 누고 나서도 내 앞에서는 그것을 구석으로 밀어놓는 일 없이 태연하였다. 게다가 동쪽으로 난 단 하나의 들창을 그렇게까지 햇볕이 싫었는지 검정 보재기로 들씌워서 방안을 어둠침침하게 만들어 놓은 후 인제는 또 담배만 들고 피어 연기가 하나 자욱한 것이다.

내가 가면 으레히,

"장기 둘까?"

하고는 한참 서로 장야 군야 하는데, 그때만 잠깐 들창의 검정보를 제쳐놓는다.

누님댁이라고는 했지만, 식구는 누님과 유정 두 사람뿐으로 안방 건넌방을 하나씩 갈라 썼다. 유정 말에 의하면, 그 누님은 조혼의 풍습에 희생을 당하여 나어려 출가를 했다가 남편과 서로 화합하지 않아 갈라섰다는 것이었다. 그러나 내가 딴 눈치로 미루어 짐작하게 된 것은 애당초 이 여인의 시가 편에서는 유정이네의 누거만 재산에 정략결혼政略結婚을 했다가 어물쩡거려 봤지만 유정이 형님의,

"칼을 받을 테냐, 주먹을 받을 테냐."

하는 그 파괴주의에 고만 찔끔해서 물러섰고, 이리하여 그 집에서는 며느리를 학대하고 아내를 못살게 굴었던 것이 아닌가 한다.

"너 이년 그렇게 도도한 년이 느이 집에 돈 좀 가져오렴. 돈 좀 가져와!"

하고 무슨 충돌이 있을 때마다 그 시어머니가 이러한 말로 호통을 쳤다 한다.

출가여는 외인이라, 유정 누님은 친가가 아직 부잣집 이름을 들을 때부터서도 고생을 했었던 모양이다. 시가에서 나와 혈혈단신 여자의 섬약한 몸으로 상경하여 가지고는 별별 고생을 다했고, 어느 피복공장엘 십여 년이나 다녔다. 이러한 생활을 해서 그런지, 몹시 '히스테릭'하였다. 유정에게도 좋을 때는 싹싹하게 잘했지만 한번 바가지가 시작이 되면,

"너는 이놈아 젊은 놈이 뭐하는 거냐?"

"방 쏙하구 하구 있는 꼴이란 아이구 지긋지긋해."
"나가거라, 나가. 이놈아."
"친정이라고 느이가 나한테 헌 게 뭐냐?"
이러한 푸념이 늘 되풀이되었고, 공장엘 갔다 와서는 집안을 달달 뒤져 무엇이 없어졌다 무엇이 없어졌다 야단을 치며,
"그래 이놈아 넌 집두 못 보니?"
"그지 같은 거래도 난 피땀을 흘려 모아논 것이다."
"제발 대문이나 걸고 있거라."
"그 어떤 놈하구 붙어 앉아서는 밤낮 무슨 의논이냐? 날 잡아먹자는 공논이냐, 잡아먹어라, 잡아먹어."
하며 야단이었는데, 그 어떤 놈이라고 한 것은 물론 이 안회남 씨를 빗대놓고 해댄 욕이다. 그것은 그렇고 알지 못할 일은 내가 무엇 때문에 자기를 잡아먹겠다구 유정과 함께 공론을 했었으랴.

그러나 또 한 번 '히스테리' 증세의 특유한 변덕이 일어나면,
"유정아, 술 먹고 싶으냐? 받아올까?"
"안선생도 계신대!"
"돼지다리나 하나 사구."

"그럼, 쇠부랄이나 사다 줘주랴?"

아주 이렇게 반하도록 달래서 사실 나도 유정과 같이 여러 번 술과 고기를 얻어먹었다. 그런데 이토록 대접을 다했음에도 불구하고 유정과 나는 그 괴악하고 난잡한 방 속에서 종일 무엇을 쑤군거렸다가, 장야 군야나 했다가, 담배나 피우고 앉은 자리에서 장독만큼 한 요강에다 오줌이나 누고, 그리고는 누가 집엘 찾아왔다 가는지 무슨 물건이 없어지는지 눈꼽만치도 아랑곳 하지를 않았으므로 유정이 욕을 먹는 것은 여반장이요, 날로 치더라도, '안선생'이 담박에 '그 어떤 놈'으로 떨어지기가 일쑤고, 또 그 폭풍우가 지나가면 약주니 저육이니 우랑이니 하여 술상이 융숭하매, 그것은 유정 누님 말마따나 너희들이 날 잡아먹으려구 하는구나 하는 발악에 언뜻 생각하면 그럴싸하게 들어맞는 것도 같은 일이었다.

그러나 젊은 여자가 손아래 남동생과 그 동무를 대접하면서 맛있는 고기가 많고 많은데, 왜 하필 쇠불알을 사다가 구워주느냐 말이다. 우랑이 몸에 좋다고는 하지만……

그뿐만 아니라, 먹는 유정이 편도 그 외의 여러 가지 괴상한 음식을 찾았었다고 기억한다. 가령 강원도 춘천 자

기 고향땅엘 갔다가 오면,

"필승이 너 살무사 먹어봤니?"
하고 내가 얼굴을 찌푸리며,

"징그럽다."

소리치면, '치' '치' 하면서,

"그걸 잡아선 산채로 좋은 약주에다 넣고 뚜껑을 딱 덮어두었다가, 한 달 후에 먹어봐, 어떤가. 살무사가 다 녹아버리고 뼈만 앙상하다 너. 고놈만 집어버리고 나면 약주술 위에 하얀 동전만 한 기름덩이가 동실동실 뜨는데, 그게 여간 보하지 않거든!"

(쇠불알만 구워먹고, 살무사만 삶아먹고, 몸 보한 사람이 왜 그렇게 일찍 세상을 떠났는지!)

나는 그러한 때 유정의 얼굴을 물끄러미 바라봤었다. 입때껏 내가 대하지 못했던 유정의 일면을 비로소 발견하고, 그리고 그 유정이는 그의 형님과 외양도 비슷하게 생겼으려니와, 어디인지 내면적으로도 동일한 데가 있는 것 같고, 또 그 집안 혈통血統이 모두 한편 야생적野生的이요 원시적原始的인 듯하여서 —.

유정의 아버님 어머님 산소가 춘천에 모셔 있었고, 서울 외에 거기에도 집이 있을 때,

"너 꺾지 아니?"

"너 쏘가리 아니?"

하면서 춘천의 산수山水를 자랑하고, 그 속에서 나는 천어川魚를 칭찬하여,

"참 회 좋지!"

하다가, 나를 보구 꼭 한번 오라고 했다. 그러나,

"가마!"

"오너라!"

"가마!"

"오너라!"

했었을 뿐 내가 그다지 유정과 친밀한 벗이면서도 정작은 한 번도 춘천엘 가보지 못했던 것은 무슨 까닭이었을까. 지금 생각하니, 어떤 곡절이 있었던 상 싶다.

내가 개벽사開闢社에 있었을 임시 춘천 출생의 차상찬車相瓚씨에게서 이야기를 들어,

— 생각했던 것보다 유정의 집이 더 큰 부자였던 것.

— 그의 집안이 퍽 유명한 양반인 것.

— 옛날 양반의 세력으로 재물을 모은 것.

이런 사실이었다.

"그러니까 유정이 할아버지 때……."

"그 할머니가 더 유명하지."

"할머니가요?"

"암 별 이야기가 많지."

"그러니까 양반 세력으로……."

"그저 함부로 잡어다 주리를 틀구 볼기를 때리구 해서, 그 큰 재산을 모았으니까."

"아하!"

유정이가 짝사랑하는 기생과 더불어 술 먹는 좌석에는 나를 교묘하게 땄던 것과 같이 겉으로는 인사로 오너라 오너라 했지만, 친한 친구였으므로, 그 눈이 더욱 무서워 혹 무슨 자기 집안의 암흑면이 들추어질까 겁내어 내가 춘천으로 방문할 기회를 일부러 피하였던 것이 아닌가 한다.

각설, 누님댁에 거처할 때 「히쓰테리」가 심한 누님의 구박으로 그렇게 게으르던 유정이도 할 수 없이 누님이 공장엘 간 후면 나와서 대문을 걸고 누님이 돌아오면 열고 했으며, 당시 유정의 밥값으로 하는 사무事務라고는 사실 이것뿐이었다. 그래서 나도 그를 찾으려면 그의 누님의 출근시간 전후로 가서 (심심하고 급하니까) 대문을 꾹 찔러 보고 걸렸으면 마음 놓고,

어쩌니 저쩌니 떠들었다.

"유정아"

하고 불렀던 것이다.

장기 두고 지껄이고 하다가, 속이 출출하면 누님이 윗목에다 차려놓고 간 밥상을 잡아다려 나와 둘이서 먹는데 밥 먹고 나서는 흔히 나를 보구 유정은,

"필승이 너 물 좀 떠와 —"

물까지 떠다 바치라는 것이다.

"요거 어린애가 왜 이래?"

하고 내가 반대를 하면, 그는 담박에 슬픈 표정을 하면서,

"몸이 아퍼 그래."

"가슴이 뜨끔뜨끔해."

말하며 손으로 가슴을 어로만졌다. 그러나 그때는 저도 불우하고 나도 불우했다. 그러하였기 까닭에 동무의 사정을 모르고 서로 각각 자기의 불행을 과장誇張하구 싶어 하고, 그 불행으로 말미암아 남의 존경을 받을 것 같이 착각錯覺하고 될 수 있는 대로 동무의 불행은 거짓말이라고 시의猜疑하고, 그러던 시절이었다. 아마 이런 것은 누구나 다 한 번씩 경험해 보았으리라. 그리하여 나는 커단 소리로,

"가슴이 괜히 왜 아프냐? 이불도 개키고 창문도 열고 그

러렴, 좀 얼른 나가 물 떠와 —"

이렇게 그를 공격하였다. 지금 생각하면 그러한 조그만 일까지 아아 안됐다 미안하다 가엾다 뉘우쳐지는 것이다.

조금 후 우리 두 사람은 서로 정반대가 되는 처지를 가졌다. 유정은 몸이 쇠약해지고 병들어 눕게 되었으나, 나는 건강하였고, 그는 실연하였으나, 나는 끝끝내 할머님의 허락을 얻어 결혼에 성공하였으며, 유정은 아무 것도 없이 빈손을 털었으나, 나는 가정 문제의 해결로써 할아버님 때부터 내려온 약간의 유산遺産까지를 받게 되었다.

(그뿐인가, 나는 이렇게 그의 이야기를 쓰고 있는데, 그는 이미 세상을 떠난 지 오래다!)

내가 검정 두루마기를 벗어놓고 좋은 양복을 입으며 다닐 때 유정은 아직도 때가 조르르 흐르는 남루를 걸치고 나타났다. 언젠가 한번은 찾아와서 머리가 더붕하고 옷이 더러워서 어느 병원엘 갔다가 간호부에게 푸대접을 받았다구 하소연하였다. (어느새 그는 병원 출입이 잦았다!) 그때 쑥 들어간 두 눈에 비창하면서도 유순한 표정을 짓던 것이 지금도 잊어버려지지 않는다. 이런 비유를 말하는 것은 내 고인에게 대하여 죄됨이 많을지나 그것은 흡사히 충실하고 착한 개, 또는 약하고 순한 토끼, 이와 같은 동물이 불시에 변을 당할 때 짖는 종류의 것이라고 생각한다. 유정은 그처럼 겸손하였고, 그처럼 선량하였다.

사직동 시대에도 한번 아츰에 가니까,

"필승아, 사람들 참 나뻐!"

"왜?"

하고 반문하니까, 그는 그때도 위에 말한 그런 표정을 지으면서,

"동네 여편네들이 문을 열어 놓으면 뭘 훔쳐가!"

하는 것이었다. 그것은 꼭 사람들이 악하다는 것을 이제야 알겠다는 것과 딴은 남의 물건을 도적하여 가는 사람도 정말 있구나 하구 놀라는 모양이었다. 그러니까 누님의 바가지는 점점 더 심하여지고 그는 거기에 머리를 숙일 수밖에 ―.

우리는 간호부를 좋아하고, 존경하였던 듯싶다. 「백의의 천사」니 뭐니 하는 통속적通俗的 문자를 유치하게 그대로 외고 습용하여 그들을 그렇게 우러러 보았다. 그러한 유정의 천사가 머리가 더붕하고 의복이 더럽다고 유정을 모욕하고 푸대접했을 때 그의 놀라움은 어떠했으랴.

하여간 유정은 점점 불행하였고, 따라서 세상을 더욱 허무하게 보는 듯하였다. 그는 이때부터 심신이 함께 허

덕어리는 불안 피로 초초의 상태에 쌓였고, 무엇이든지 자기 일생을 기억할만한 것을 붙잡아 보려고 일층 애쓰지 않았던가 한다. 내가 어느 상사회사商事會社에 잠시 취직하여 있을 적에 어느 날 —

한 여사무원女事務員이 나의 방으로 들어오며,

"안선생님 점 보세요."

"저 점 보세요."

하고 여러 사람들이 죽 둘러 앉아 있는데도 불구하구, 매우 당황하게 부르므로, 내 역시 놀라 나가 보았다.

"이리 오세요."

그 여자의 뒤를 따라가 보니까, 거기에는 머리가 더벙하고 얼굴이 창백하고, 그리고 여전히 때꾹이 족 흐르는 검정 두루마기를 입은 유정이 초조하게 서있는 것이 아닌가 —.

"웬일이냐 너?"

하니까, 그는 빙그레 웃으며, 손을 내밀었다. 악수를 하면서 유정의 눈치를 살피고, 여사무원양의 눈치를 살피는 동안, 나는 모든 것을 짐작할 수가 있어,

"제가 나중 이야기 하죠."

"들어가 계십쇼."

이렇게 말하여 여성에게 대한 예의를 다한 후, 유정만을 데리고 아래층 식당으로 내려왔던 것이다.

그 여사무원은 젊고 아름다웠다. 얼굴에 도회적都會的인 세련된 매력이 넘쳤다. 게다가 문학文學을 사랑하는 모양으로 한번 「로벗 · 뿌라우닝」에 대하여 이야기한 것이 인연으로, 나와는 가끔 점심시간 같은 때 만나서 서로 담화를 하고 헤어졌다.

당시 유정은 나를 매일같이 찾아왔는데, 그때 공교히 그 여자가 우리 옆을 지나면, 나는 유정의 옆구리를 꾹 찌르고,

"어떠냐 예쁘지?"

"문학을 좋아하는 여자야!"

이렇게 농담을 했는데, 그는 아마 이것을 그냥 웃어버리지 않았던 모양이다. 그래서 급기야는 물에 빠진 사람이 지푸라기라도 잡으려고 하는 노력처럼, 그냥 무턱대고 덤벼들었던 것 같다. 그는 오직 정열이라는 것만 믿고 기적奇蹟이라도 이룰 것처럼 황홀한 꿈을 갖는 것이다. 그러나 어느 누가 그의 남루한 꼴 외에 이 같은 그의 순진한 심중을 들여다 볼 수 있었을까 부냐. 유정은 결국 좀 더 깊이 물속으로 빠져들어간 형편으로 되었고, 그리고

그에게 있어서 모든 것은 한낱 지푸라기에 시종하고 말았던 것이다.

날마다 동무를 찾아가서 지껄이고 오든 집으로 이번엔 불쑥 동무가 아니라, 그 동무가 늘 칭찬을 하는 아름다운 여성을 방문하는 이런 것 외에도 이와 연결하여 이야기할 몇 가지 일을 생각해낼 수 있다. 아름다운 이성을 우리의 주위에서 발견하면 나는 곧잘 그에게 향하여,

"유정아, 너 연애해라."

이런 말을 했는데, 그런 때에도 유정은 물론 이것을 껄껄 웃고 말아버리지 못했다. 당장에는 아무렇지도 않은 표정이었으나, 이 한마디를 그는 마음속 깊이 새겨두는 모양이었다. 아니 어느 때나 너무 외롭고 너무 불행하고 너무 빈약한 그에게는,

"사랑하라!"

하는 따뜻한 말이면, 그의 귀에 스치자마자, 그냥 그의 심장에 가서 저절로 새겨지는 것이었으리라.

"어떠냐 예쁘지?"

"유정아 너 연애해라!"

내가 이런 말을 가끔 그에게 하면 번민하는 유정으로 하여금 덩구 번민하게 한 것도 지금 생각하니, 나도 그 당

시 그것을 단지 농담으로써만 빈정거린 것이 아니라, 유정이 너무 낙망하고 인생을 허무하게만 바라보려고 할 때 「사랑」이면 어느 때나 불타는 그임을 잘 아는 내인지라, 그에게 새로운 용기를 북돋아주기 위하여 내 무의식적으로 자연 그런 말을 하게 된 것이 아니었던가 한다.

— 인류人類의 역사歷史는 투쟁鬪爭의 기록이다.

한참 좌익사상이 범람할 임시 누가 이런 말을 하자, 옆에 있든 유정은,

— 그러나 그것은 사랑의 투쟁의 기록이다.

하고 이렇게 대답한 일이 있다. 이 유정의 말이 옳고 그른 건 차치하고, 이 말과 그의 한 생애를 함께 생각하여 볼 때엔 유정이야 그 전부가 그냥 사랑의 투쟁의 기록이 아닌가 하는 것이다.

어째서 그는 그렇게 불행하기만 하였는가 —

안석영安夕影씨는 일찍이 유정을 가리켜 문인文人 중 제일의 미남자라 일컬었고, 나중에는 패가하였을망정, 그는 그래도 명문이요 거부의 대갓집 도련님이었으며, 후에는 문명을 날린 재인이기도 한데, 무슨 때문에 일생을 통해 그의 연애가 그렇게 비참하게만 마쳐졌는지 모를 일이다.

유정은 스스로 곧잘
"운명이다!"
"모든 것이 운명이다!"
하고 외쳤었다.
"나는 일평생 내 힘으로 할 수 없는 무슨 커다란 그림자에게 눌려 지냈다."

이런 말도 했었다. 운명이나 그림자나 모두 자기의 소위 팔자라는 것을 지칭하여 말한 것으로, 그렇게 불행했던 그였구 보매 그의 입으로 이러한 말이 나오는 것을 나는 뭐라고 숭볼 수 없다.

병상에 누웠을 때 그는 더욱 이러한 운명론적運命論的인 각오를 가졌다. 자기 자신, 뿐만 아니라, 집안 식구의 전부, 집안 식구뿐만 아니라, 자기 자신까지 숙명적으로 결단코 행복스럽지 못할 것이라고 생각하였으며, 그것을 옛날 할아버지 할머니 때의 과거와 연결하여 나에게 누설한 바 있는 것이다.

"춘천 우리 고향에서는 우리 집안이 망하는 것을 좋아한다."

어느 때 유정은 이런 말을 나에게 했다. 나도 또한 차상찬 씨에게서 얻은 지식을 내대어 그에게 이야기한 듯하다.

 유정의 할아버지 시대에 양반 세력에 눌리어 재물을 빼앗기고 갖은 곤욕을 다 당했던 이곳 백성들이 아직껏 원한을 잊지 않고 유정의 집안을 저주한다는 것이었다.

 그래서 그런지 유정의 집안은 너무나 비참하게 되었다. 몰락한 것은 둘째고 그 집 사람으로서 하나라고 불운을 느끼지 않게 하는 이는 없다. 유정 전대의 일은 내 자세히 모르나 하여간 유정은 조실부모했다. 그리고 그 여러 남매 중 형님은 먼저 말한 대로 거의 정신병자이고, 큰 누님은 심한 「히쓰테리」에 걸린 이로 갖은 고생을 다한 여자다.

 「허허」 「하하」 소리를 치면서, 내 두루마기 자락을 붙들고,

 "나도 사람일세!"

 애원하듯 하던 그의 백씨의 모양과 한바탕 들볶구 나서는,

 "쇠불알 사다 궈주랴?"

하던 그 누님의 꼴이 다시 생각난다.

 그 외에 아주 미쳐나서 나중에 우물 속에 빠져 죽은 누님이 하나 있고, 유정의 바로 아래 누이동생은 처녀의 몸으로 이화여고梨花女高에 재학해 있다가 실진했다. 이 처녀

가 시름시름하기 시작할 적에 유정 형님은 계집애가 바람이 났다구 오해를 하구는,

"너 연애하려구 그렇게 나돌아 다니지?"
하면서 머리를 강제로 잘라 까까중을 만들어 놓았다고 한다.

지금이나 단발이다. 그때만 해도 길다랗게 치렁치렁한 머리가 처녀들의 자랑이어늘, 머리를 잘리운 색시는 약하고 병든 마음에다 더욱 그것으로 하여 격분하고 원통하여 고만 쉽사리 실진했던 것이 아닌가 생각된다. 머리를 부둥켜안고 울던 처녀의 모양을 나는 몇 번 봤다.

유정이 죽기 전에 한번 형님의 뺨을 쳤다. 우의 일 한 가지만 가지고 봐도 그 분은 아우에게라도 족히 얻어맞아야 마땅하다는 것을 유정인들 왜 몰랐으랴. 바로 현덕 씨가 그를 문병하러 갔을 때인데, 유정이 현덕에게 향하여,

"현효형, 제가 형님을 칩니다. 보세요."
하고 한번 힘대로 형의 뺨을 때렸다 한다. 무엇 때문에 그랬는지 —.

형님의 아들 즉 유정의 조카가 세 살 먹었을 때에 술 취하여 들어온 그 아버지는 아기를 안아다 우물 곳에 집어 던졌다고 한다. (우는 소리 듣기 싫다고!) 다행히 구조된

아기는 크게 장성한 오늘날 아버지를 아버지로 대접하지 않으려 한다. 상상할 수도 없는 비극이다.

유정이 고향 춘천에서 동리에다 강당을 지어놓고 마을의 빈한한 집 아이들 수십 명을 모집하여 글을 가르친 일이 있다. 월사금도 받지 않고 오히려 아이들에게 책값과 학용품을 주어 공부를 시킨 것이다. 물론 강당도 유정이 제 돈을 들여 지었다. 그러니까 그의 조부 때 한 일과는 정반대의 일인데, 유정은 이렇게 착하고 좋은 일을 고향 땅 백성들에게 베풂으로써 조금이라도 선조의 죄악을 씻으려 했던 것이며, 사람들의 눈총을 피하려 했었음일까 —.

언젠가 유정이 가장 기쁜 얼굴로 춘천 자기 동리에 사는 사람들은 모두 자기만은 존경한다는 이야기를 했고,

"무슨 날에 모여서 술을 먹게 되어도 술잔을 제일 먼저 나한테 가져오니까 —"

하며 웃은 일이 있다. 그리고 다음에 동리 구장에게로 차례가 간다는 것이었다. 그랬을 게다.

이 사업이 무슨 일로 계속을 못하게 됨에, 그때부터서 유정은 문학을 하기 시작했다. 그전에도 그는 나의 권고로 몇 개 작품을 써 봤다. 내가 개벽사에 있을 때 유정은 춘천 산골에 파묻혀 지내면서 「산골 나그네」 「총각과 맹꽁

이」「흙을 등지고」 등을 써 보내어, 각각 제일선第一線, 신여성新女性 등의 잡지에 발표되었다. 「산골 나그네」가 처녀작이고, 「흙을 등지고」서가 세 번째의 작품인데, 제일선이 막 폐간된 끝이라, 이것을 발표할 수가 없어 나는 같이 있던 이석훈형께 맡기었는데, 당시 유정이 아직 이름이 서지 못한 까닭으로 하여, 이석훈형의 특별한 진력도 보람 없이 원고가 각 신문과 잡지사와 편집자 책상 위만 뺑뺑 돌다가 다시 나의 수중으로 들어왔다.

유정이 이것을 「따라지 목숨」이라는 이름으로 다시 개작한 것을 그 해 세모에 조선일보朝鮮日報 신춘문예 현상모집新春文藝懸賞募集에다 그와 의논하고 내 손으로 보내었다. 이것이 일등 당선을 하여 그의 출세작이 된 유명한 「소낙비」이다.

이후 유정이 정말 혜성적으로 우리 문단에 나타나 눈부신 활동을 한 것은 누구나 잘 안다. 「만무방」, 「떡」, 「봄·봄」, 「따라지」 등 명편을 내놓아, 사실 그는 짧막한 동안에 불후의 업적을 이루었다. 유정의 작가적 위치를 따져본다든지 그의 문학적 가치를 검토하여 본다든지 하자면 말이 얼마든지 길어질 터이고, 또 나의 의견은 세평과 많이 어긋나는 일이 있을 게나, 여기서 그것은 고만둔다.

하여간 유정은 물에 빠져 허덕거리는 불행한 인물이었고, 모든 것은 또한 그에게 대하여 아무 가치 없는 지푸라기이고 말았는데, 오직 이 문학 한가지만은 그렇지 않았다. 이를테면 그의 잘 쓰는 문자대로 금광의 노다지이다. 그렇기 때문에 유정은 이 노다지를 발견한 후로부터서는 전력을 기울여, 그것을 발굴해 내기에 힘썼다. 가정과 연애와 사업 온갖 것을 잃은 그는 이 문학 한가지에다 있는 대로의 모든 열정을 바쳤던 것이다. 그가 목숨이 끊어지기 최후까지 문학을 위하여 성실하게 분투하고 병상에 누워 붉은 피를 입으로 토하면서도 오히려 붓대를 쥐고 작품을 낳아놓기에 머리를 짠 것을 생각하면, 사실 눈물겨웁다. 문자 그대로 비장한 모양이 내 눈에 어른거린다.

그러나 그는 끝끝내, 슬프기만 하다. 문학에다 자기의 정열과 재주를 기울인지 몇 해 못 되어 그는 세상을 떠났다. 유정의 형제 남매가 모두들 불행한 것처럼 그도 할아버지 대의 죄악을 저주하는 원한에 희생됨인가. 그 집안에서 유일의 인물인데 삼십을 다 못 살고 죽었다. 그러한 점으로 생각하여 나가면,

(유정이 그저 살아 있드라면!)

그렇더라도 그는 결단코 행복스럽지 못했을 것같이 생

각된다. 상상도 할 수 없는 다른 불행이 그를 엄습하지 않았을까―.

― 운명

― 나를 꽉 누르고 어떻게 할 수 없게 하는 그 그림자. 하고 탄식하던 유정은 참 가엾다. 그러나 지금 내가 어느 생각을 한 가지 하고 있는 것처럼, 그는 자기의 운명의 모양을 잘 보아 안다 할 수 있을는지. 유정이가 문학을 하려니까, 애처롭게 폐병에 걸리었다고 보겠지만, 유정의 병은 유정의 문학보다 훨씬 먼저 있던 것이 아닌가 하는 것이다. 연애에 실패하고 사업에 실패하고, 마지막으로 문학에 정열을 쏟아놓으려니까, 병과 주검이 눌러 덮었다는 것보다 병과 주검의 그림자에 벌써부터 엄습을 당하여 있는 그가 그 속에서 고야니 허덕지덕 사랑이다, 농촌교육이다, 예술이다 하고 앙탈을 했던 것이 아닐러냐. 즉 그것은 유정이 병상에 눕기 이미 오래 전서부터 작정되었던 것이요, 우연적인 것이 아니라, 피치 못할 운명적이었던 것이라고 생각된다. 유정이가 '사직정'에서 누님과 같이 살 때 게으를대로 게으르고, 점심 먹은 후 나에게 물까지 떠오라고 하면서,

"몸이 아퍼 그래."

하고 의아한 표정을 짓던 그때부터서 병이 비롯되고 그의 운명은 벌써 작정되었던 것이 아닌가 —.

아니, 어릴 적 일기를 보면, 먼저 이야기한대로 유정이 중학 이학년 때에 운동장에서 놀다가 큰 쇠뭉치로 가슴을 맞았다 한다. 그때 골병이 들고, 그 가슴이 덧쳐서 차차 폐병으로 악화해 간 것이 아닐는지. 그러면 술 취한 형님에게 항상 쪼들려 지내던 소년이,

"아아, 나는 영광이다. 영광이다. 오늘 학교에서 '호강나게砲丸投'를 하며 신체를 단련했다. 그런데 나도 모르는 사이에 호강이 나의 가슴 위에 와서 떨어졌다. 잠깐 아찔했다. 그러나 그것뿐으로 나는 쇳덩이로 가슴을 맞았는데도 아무렇지도 않았다. 나의 몸은 아버님의 피요 어머님의 살이요 우리 조상의 뼈다. 나는 건강하다. 호강으로 가슴을 맞고도 아무렇지도 않다. 아아, 영광이다. 영광이다."

이렇게 흥분하여 일기를 적어놓고, 아무것도 겁내지 않은 자신을 가지며, 그리고 또 거기에 무한 감격하여 기뻐하던 바로 그때가 정말은 유정의 일생을 슬프게 운명적으로 결정하고, 캄캄한 주검의 그림자를 내리기 시작한 때가 아닌가 —.

나는 유정이가 어느 달 무슨 날에 별세를 했는지 벌써 잊어버리고 모른다. 그가 살았을 때에도 나는 그에게 잘하지 못했는데, 그가 간 후에도 이렇게 잘못이 많다. 그러나 빼빼 말랐던 그의 모양, 나를 붙들고 통곡을 하던 꼴, 그것은 잊으려야 잊을 수 없이 늘 내 눈에 가득하다. 그리고 유정이는 숨이 끊어지기 전 바로 몇 시간 전에도 나에게 마지막 편지를 열 장이나 가깝게 썼는데, 그 속에,

"필승아, 네가 나를 살려다구!"

한 이런 말이 있다. 이것이 항상 나의 가슴을 찌른다.

하루 그의 글을 받아보고, 그때 그가 정양을 가 있는 광주廣州로 가서 보려고 대문 밖을 나서는데, 마악 현덕 씨가 들어오며 아무 소리도 않고, 나의 손을 꼭 쥐었다. 유정이 영원히 눈을 감고 그의 조카 영수군이 바로 서울로 모시어다 화장을 하고는 유골을 곱게 빻아 한강에다 띄워 버렸다는 것이다.

(벌써?)

(그래, 유정이가 가루가 되었단 말인가!)

(아니, 어디 가루인들 있느냐 물 물 퍼런 한강물…….)

유정이 죽고, 그리고 인생은 그렇게 허무하구나 느끼던 그때 감정을 어떻게 표현할 수 없다. 영수군도 그의 아

버님이나 아저씨인 유정에게 지지 않을만한 기이한 인물이라는 것을 여기 부언하여 둔다.

그렇게 해서 유정은 죽은 후에 무덤도 없다. 그를 생각하고 어디다 머리를 숙일 수도 없으며, 그를 위하여 한 묶음 향기로운 꽃을 사더라도 그것을 어디다 놓을지 모른다. 그의 육체적인 것이 세상에 남아 있는 것이라고는 그가 일찍이 어느 여성에게 보내었던 한 장 혈서이다. 이것도 지금 내가 보관하여 가지고 있는데, 언제 이것이나 깨끗한 땅에다 파묻어주고, 그것을,

— 유정지묘裕貞之墓

라고 하겠다.

그가 광주로 떠나던 날 현덕 씨와 그의 계씨인 현재덕 씨와 나 세 사람이서 자동차부로 나와 그를 작별하였다. 그것으로 유정과 영원히 이별이 될 줄 누가 알았으랴. 그날 아침 유정의 밥상에서 나는 현덕 씨와 함께 약주술을 받아다 먹었다. 우리가 서로 '카!' 소리를 내며 몇 잔 하려니까, 조기국에다 밥을 말아먹고 있던 유정이 우리를 물끄러미 바라보더니,

"필승아, 나도 한 잔 먹을까?"

하였다. 그것이 바로 그가 광주로 내려가 세상을 떠나기

며칠 전이다. 나는 그때,

"에이, 먹지 마라."

하고 그에게 술을 안 주었다. 그렇게 갈 줄 알았드면 마지막으로 그 좋아하는 술이나 한 잔 주었을 걸. 서로 정답게 술잔을 나누어 볼 것을 ―.

정인택, 김환태, 이상 제형과 함께 나를 찾아와 술을 조르던 생각이 난다. 그때도 피차에 궁한 시절이었다.

우리들 중에 누가 원고를 쓴 사람이 있으면 고료를 받아다 같이 점심먹기, 외투를 벗어서 술먹기 그런 때마다 유정은 기분을 못 이기어 늘 앞잡이로 나섰었다. '무교정' 우리집 골목 어구에 날마다 모여 서서 우울하고 초라한 표정을 짓던 것이 꿈같이 흘러갔다. 그리고 거기다 유정의 일을 붙이어 생각하면 안타까웁다.

어느 날 병상에 누워있는 그에게서 엽서가 와 찾아가 보니까, 유정이 내 귀에다 입을 대고 이상형의 걱정을 하면서,

"혹시 자살을 할지도 모른다. 네가 눈치 좀 떠보렴."

하길래, 놀래어 자세히 알아보니, 이상 홀로 유정을 방문하여 와서 우리 두 사람 사정이 딱하기 흡사하니, 이 세상 더 살면 뭐 그리 신통하고 뾰죽한 게 있겠고, 둘이서 같이

죽어버립시다, 하더라고 —.

그러나 유정은 살고 싶었다. 그는 끝끝내 죽으려 하지 않았다. 그래서 유정이 싫다고 하니까 이상은 무안을 당해 표연히 돌아갔다는 것이다. 유정의 말을 듣고 이상을 만나보니까, 그는 껄껄 웃으며,

"안형, 제가 동경 가서 일곱 가지 외국어를 배워가지고 오겠습니다."

하며, 그 시커먼 아래턱을 손바닥으로 비비는 것이었다.

그러던 유정이 이상보다 먼저 죽었다. 살려고 살려고 부둥부둥 애를 쓰던 유정도 나중에는 각오를 했던 모양이다. 그의 머리맡 벽 위에는 어느 사이에 겸허謙虛 두 글자의 좌우명이 붙어 있었다. 나는 이것에 대하여 유정 자신의 설명을 들은 일이 없다. 그러나 송장이 다 된 유정의 머리맡에서 이 두 글자를 보았을 때 그때처럼 나의 가슴이 무거운 때는 없었고, 지금에도 그것을 되풀이하면 여전히 암담하다.

아아, 멍하니 크게 뜬 그의 눈동자, 다른 사람이 아니고 유정이가 자기의 주검을 알고, 그것을 각오하였다는 것은 참 불쌍하다. 그리고 모든 것을 단념하고, 자기를 극도로 낮추어 세상의 온갖 것에 머리를 숙이고 무릎

을 꿇으려는 그 겸손한 마음이여, 이것은 정말 옳고 착하고 아름다운 태도이다. 유정이 야윈 손으로 떨리는 붓으로 이 '겸허' 두 글자를 마지막 힘을 다하여 써서 머리맡에 붙이고, 조용히 눈을 감아버린 것은, 그대로 한 숭고한 종교의 세계이다. 유정의 다른 것은 내 존경하지 않더라도, 이것 한 가지에만은 나도 머리를 수그린다. 유정이 가고, 한 십여 일인가 있다가 이상이 동경에서 별세하였다. 기묘한 우연이다.

유정이 총각으로만 있다가 죽은 줄 알았는데, 나중에 그가 결혼했었다는 것이 발견되었다. 나도 까맣게 모르고 있다가, 그가 작고한 후에서야 영수군에게서 들어 알았다. 그러면 어째서 유정이 나에게까지 그것을 감추었는지 내가 결혼한 날의 유정 일기를 보면, 그는 나를 퍽 행복스러운 사람이라고 말한 후, 자기는 도저히 그런 행복을 꿈꿀 수도 없다고 하고,

"나는 영원히 결혼하지 않으리라. 나는 문학과 함께 살련다. 그것이 나의 애인이요, 안해이다."

이러한 의미의 것을 적어 놓았는데, 한 여자와 연애 없이 그냥 결혼한 것을 그는 부끄러이 생각하여 나에게 알리지 않았던 게 아닌가 추측된다. 어느 때든지 항상 잘한

사람의 이성을 연애하며 정열을 쏟아놓던 그로서는 자기가 사랑하는 여인은 딴 곳에 있고 조금도 사랑함 없는 다른 이를 아내로 위한다는 것이 무슨 치욕같이 생각되고, 거짓인 것처럼 느끼게 되었으리라.

　즉 유정은 자신 없는 일을 하여본 심이다. 마음에 꺼림하고 만족하지 못하였을 게다. 그러면 또 그는 왜 이러한 결혼을 했을까. 그 무슨 저항할 수 없는 그림자의 압박을 당하여 끝끝내 불행하기만 한 유정이 마지막으로 운명에게 향하여 두 눈을 딱 감고 뽑아본 제비가 아니었던지. 그것도 유정이 약하고 비참하고 아슴고 하여 된 한 개 불행을 더 초래하는 슬픈 일이었으리라. 지금 생각하면 유정이 병상에 누워서도, 가끔,

　"필승아, 모든 것은 내가 잘못했다. 내가 나쁘다. 모두 나의 죄악이다. 인제 너에게 길다란 이야기를 하여 용서를 빌 때가 있다."

　이러한 글발을 써 보내어 나를 의아하게 만들었는데, 아마 이것을 두고 그런 것인 상싶다. 어느 때 내가 갔을 때 나를 붙잡고 대성통곡을 한 것도 자기의 병과 앞으로 닥쳐올 주검을 서러워하여 운 것보다 나에게까지 숨기고 있는 그 말 못할 사정을 슬퍼하여 그랬던 것이로구나 생각

된다. 가엾은 일이다.

  끝으로 유정을 위하여 한 가지 더 변명을 할 것이 있다. 그것은 유정이 자기의 사진이 어느 여성잡지에 났을 때 같이 게재된 한 여인에게 대면도 않고 사랑한다는 편지를 하고, 또 상대편에서 아무 답장이 없건만, 오랫동안 계속하여 외쪽사랑을 하여 왔다는 일이다. 물론 유치하고 우스운 일이다. 그러나 나는 그냥 그렇게만 치우지 않고 조금 세상 사람들과 의견을 달리한다.

  유정이 어느 여자를 사랑한다는 것은 먼저 지적한 바와 같이, 꼭 육욕의 야심이 있어 그럼보다도 우선 감격하고 그 상대자에게 최고의 호의를 표시하는 봉사하려는 마음이다. 아무 것도 없던 유정이 혜성적으로 문단에 진출하여 세상이 그를 유망한 작가로 대우하고 사진을 여성잡지에다 커다랗게 내여 주었을 때, 어찌 그의 가슴이 뛰지 않았으랴. 그는 항상 어머님의 사진과 잡지의 자기 사진을 책상 위에 나란히 놓고 감격하였으리라. 그가 어느 여자의 사진을 연애하였다는 것은 실로, 이 어머님의 사진에서 출발한 것이 아닌가. 다시 말하면 남이 유치하다고 웃을 그런 연애가 있게 된 것은 그에게 어머님의 사진밖에 없는 쓸쓸한 고적에서 추출된 것이다. 어머님의 사진과 자기의 사진 그 사이에 있는 한 아름답고 젊은 이성의 사진에까지 그 감격과 호의가 똑같이 갔을 것은 헐헐 고종 한 그로서는 자연스러운 일이다.

그는 어린 아이와 같이 단순하다. 사진에 대한 호의를 숨기지 않았다. 그대로 상대자에게 그것을 알리었다. 흡사히 어머님의 사진에다 대고,

"우리 어머니가 제일이다."

"우리 어머니가 예쁘다."

하고 어느 정도로 우상화하는 심리와 같다. 그리고 불행하게 상대편에서 그것을 헐하게 오해하였는지, 아무 답장도 오지 않았을 때, 유정은 자기의 애정이 절대로 거짓말이 아니라는 것을 증명하기 위하여 끝끝내 짝사랑을 계속한 것이다. 사진을 보고 호의를 가졌다가, 답장이 없으니까 고만 두는 따위의 그런 경박한 사람은 아니라는 것을 상대편에게 가르치는 동시에 그보다 이상으로 자기의 야심에다 대고 일러주기 위하여 꾸준히 그 감정을 그대로 지속하여 편지를 하고 한 것이라고 해석한다.

유정은 무슨 까닭으로 그러한 일에까지 변절하기를 싫어했을까. 그것도 그가 몹시 청렴하고 양심적이기 때문이었을 것이다.

— 연애는 고집이다.

나는 어느 때 이러한 생각을 한 때가 있다. 유정이 바로 그러한 예가 아닌가 한다. 한 번도 대면한 일이 없이 시작한 그대로 사진만 가지고 오랫동안 짝사랑을 계속한 그의 최후의 '푸라토닉'한 연애는 전부 유정의 고집에서 나온 것이라고 믿는다.

유정이 남기고 간 것, 많은 유고와 연애편지 쓰다둔 것과 일기, 죄우명, 사진, 책이 이런 것들을 전부 내가 맡아서 보관하여 가지고 있는데, 한 가지 없어진 것이 있다. 그것은 다만 한 장 있든 그의 어머님 사진이다. 어디로 갔는지 아무리 찾아봐도 기생 사진까지 다른 것은 전부 내 손에 있는데, 이것만은 당최 보이지 않는다. 그에게는 노래하신 어머님이 없었다.

"우리 어머니 예쁘다!"

하고 나에게 자랑을 하던 젊으신 어머님이 있을 뿐이다. 그 사진을 유정이 가슴 속에다 꼭 안고 그리운 어머님 품을 저 나라로 찾아간 것이 아닌가. '겸허' 그러한 태도로 세상의 모든 것과 인연을 끊으면서 온갖 것을 내어던졌으나, 그 어머님 사진 한 장만은 가슴에 품고 눈을 감은 것 같다.

그래서 그 사진은 유정의 몸과 함께 타버리고 영원히 없는 것이 아닌가. 나는 그의 유품 속에서 그것을 찾아내려고 애썼으나, 인제는 고만 두련다. 유정을 위하여 나의 추측과 같이 꼭 그렇게 그와 함께 사라졌다고 믿는다.

박태원의 시선

고 김유정 군과 엽서

 작년 5월 하순의 일이었든가 싶다. 당시 나는 몹시 성치 않은 아내를 위하야 잠시 성북동 미륵당에 방 하나를 빌었다. 옹색하기는 지금이나 그때나 일반이여서 나는 모처럼 문밖에 나간 몸으로도 한가로울 수 없어 쌀과 나무를 얻기 위하야 사흘 밤낮을 도와 『천변풍경川邊風景』 1회분을 초草하였다.

 원고를 가지고 문 안으로 들어와 조선일보사 앞에 이르렀을 때 나는 뜻하지 않게 회남과 유정 두 분을 그늘에서 만났다.

"아 박형, 안녕하셨에요?"

인사할 때에 얼굴에 진정 반가운 빛이 넘치고 이를테면 '수집음'을 품은 젊은 여인과 같이 약간 몸을 꼬기꽂아 하는 것이 지금도 적영하게 내 망막들에 남아 있는 유정의 인상 중의 하나다.

우리는 참말 그때 만난 지 오래였다. 그러나 그들에게는 동행이 또 한 분 있었고 나는 나대로 바빴으므로 우리는 길 위에 선 채 몇 마디 말을 나누고는 그대로 헤어졌다.

그러한 뒤 며칠 지나 일즉이 내게 서신을 보낸 일이 없는 유정에게서 다음과 같은 엽서가 왔다.

날사이 안녕하십니까.

박형! 혹시 요즘 우울하시지 않으십니까. 조선일보사 앞에서 뵈었을 때 형은 마치 딱한 생각을 하는 사람의 풍모이었습니다. 물론 저의 어리석은 생각에 지나지 않을 게나 만에 일이라도 그럴 리가 없기를 바랍니다.

제가 생각컨대 형은 그렇게 크게 우울하실 필요는 없을 듯싶습니다. 만일 저에게 형이 지니신 그것과 같이 재질이 있고 명망이 있고 전도가 있고 그리

고 건강이 있다면 얼마나 행복일런지요. 5, 6월호
에서 형의 창작을 못 봄은 너무나 섭섭한 일입니다.
「거리」, 「악마」의 그 다음을 기다립니다.

김유정 재배

　그날의 나는 혹은 그가 지적한 바와 같이 우울한 얼굴
을 하고 있었을런지도 모른다. 제작 후의 피로가 위선 있
었고 또 그 작품은 청탁을 받은 원고가 아니었으므로 그날
즉시 고료를 받아오는 것에 성공할지 못할지 그러한 것이
자못 마음에 걱정이었든 것이다.
　그러나 나와 요만한 '우울'이 유정의 마음을 그만치나
애달프게 하여 준 것은 나로서 이를테면 한 개의 죄악이
다.
　물론 나는 그가 말한 바와 같이 남에게 뛰어난 재질이
있지도 못하였고 명망이 있는 것도 아니며 또한 전도가 가
히 양양하다고 할 것도 못 된다. 그러나 무엇보다도 '건
강'이 ― 그가 항상 그만치나 바라고 부러워하여 마지않
는 '건강'이 내게는 있다고 그는 생각한 것이 아닌가. 나
는 허약하고 또 위장에는 병까지 가지고 있는 몸이나 그
의 눈으로 볼 때에 그것은 혹은 부러워하기에 족한 것이

었는지도 모른다.

그러한 내가 그만큼이나 행복된 내가 그에게 우울한 얼굴을 보였다는 것이 그에게는 마음에 일종 괘씸하기조차 하였을런지도 모른다.

내가 유정의 부고를 받았을 때 먼저 머리에 떠오른 것은 이때의 일이다.

만만하게 거처할 곳도 없이 늘 빈곤에 쪼들리며 눈을 들어 앞길을 바랄 때 오즉 '어둠'만을 보았을 유정 —

한 편의 작품을 낼 때마다 작가적 명성을 더하여 가고 온 문단의 촉망을 한 몸에 받고 있었을 그였으나 그러한 것으로 그는 마음에 '밝음'을 가질 수 있었을까.

더구나 그가 병든 자리에서 신음하면서도 작가적 충동에서보다는 좀 더 현실적 욕구로 하여 잡지사의 요구하는 대로 창작을 수필을 잡문을 써 온 것을 생각하면 우리의 마음은 어둡다.

그의 병은 물론 그리 쉽사리 고칠 수 있는 것은 아니었으나 경제적 여유가 만약 그에게 있었다면 위선 그는 30이란 나이로 세상을 버리지 않아도 좋았을 것이다. 병도 병이려니와 그를 그렇게 요절케 한 것은 이를테면 그의 지나친 '가난'이다.

그가 죽기 수일 전에 약을 구할 돈을 만들려 가장 흥미 있는 탐정소설이라도 번역하여 보겠다 하든 말을 내가 전하여 들은 것은 그의 부음을 받은 것과 동시의 일이지만 그가 목숨이 다하는 자리에서까지 그렇게도 돈으로 하여 머리를 괴롭힌 것은 얼마나 문인의 생활이 괴로운 것이 있으랴!

[후기]
고향, 여인 그리고 병상의 이야기

    김유정의 수필은 그의 소설만큼이나 소략하다. 아니, 그보다도 더욱 소략하다. 매우 짧은 인생을 살다간 탓에 기인한다. '폐결핵'이라는 당시로써는 불치의 병을 앓고 있었던 탓도 크다 할 수 있을 것이다. 짧은 인생을 살다 갔으니 작업량이 그만큼 부족했고 그나마 병을 앓는데 하 많은 시간을 빼앗겼으니 부족한 시간이 그나마 더 줄었을 것이다.
    그러나 김유정의 수필들은 그 양은 소략하더라도 하나같이 수작들이요 아름답다. 산문이지만 시적인 느낌이 물씬 풍겨나온다. '주옥같다'는 표현이 아깝지 않은 산문들이다.

좋은 문장을 읽는 즐거움이라는 측면에서 김유정의 수필집은 탐독해 볼 만하다. 전문 수필작가가 아니면서도 이 정도 아름다운 단상을 담아냈다는 것은 김유정의 탁월한 언어구사력에 기인한다고 보아야 할 것이다. 병마와 싸우는 와중에서도 그의 필봉이 전혀 수그러들지 않았음을 살필 수 있다. 어쩌면 그 몹쓸 병마 덕분에 그의 필봉이 더욱 절실해지고 깊어졌을 수도 있는 일이다. 생生의 미래가 희미해져갈수록 사람이란 더욱 생에 대한 애틋함과 아련함을 갖게 되는 게 아닐까.

김유정이라는 작가를 알고자 하는 독자라면 그의 수필을 탐독하는 것은 무엇보다도 중요한 일이다. 김유정의 수필에는 상상력이 개입되지 않은 현실에서의 그의 육성 그대로의 목소리가 깃들어 있다. 그가 쓴 소설과는 다른 차원이다. 소설은 김유정이 창조해낸 등장인물들이 말하고 주인공으로 출연하는 것이지만, 그의 수필은 그 자신이 주인공이며 그·자신이 하는 말을 담은 이야기가 많다. 어쩌면 현실의 김유정을 이해하는 데에는 그의 소설보다도 오히려 그의 수필 쪽이 더 중요하고 정확한 정보를 담고 있다는 게 필자의 개인적인 생각이다.

김유정의 수필은 크게 보아 다음 세 가지의 이야기로

구성되어져 있다고 볼 수 있지 않을까 싶다. 첫째는 여인 둘째는 고향인 강원도 춘천의 실레 마을 셋째는 병상의 일지, 이렇다. 수필의 양이 많지 않아 다양한 소재와 주제의 수필들이 쓰여질 기회가 없었던 탓일 것이다.

■ 여인

김유정의 수필 속에 등장하는 여성은 대체로 그 중심이 강원도 여성이다. 그 중에서도 핵심은 유정 자신이 '조선의 집시'라고 붙인 '들병이'다. '들병이'란 좀 생소한데, 익숙한 용어로 고쳐 말한다면 다름 아닌 '작부'다. 그러나 좀 특이한 구석이 있어서 그 앞에 '이동식'이라고 수식어를 붙여 '이동식 작부'라고 해야 어의에 보다 적합하다. 가을에 추수가 끝나고 농한기인 늦가을, 겨울, 이른봄을 이용하여 술 파는 일에 나서는 작부이기 때문이다. 또 작부라고 하는 데에도 어폐가 없지 않아 있다. 들병이로 나서지 않는 농번기철에는 남편을 도와 농사일을 하는 엄연한 시골 아낙네인 탓이다.

들병이에 대해서는 유정의 소설(『안해』,『총각과 맹꽁이』,『솥』등)에서 잘 묘사되고 그려지고 있다. '들병이'라는 일제시대 조선사회 여성들의 한 존재방식을 잘 포착하고 그려낸 유일한 작가가 김유정이다. '들병이'가 당시 조선사회 여성들의 존재방식 가운데에서 얼마만 한 보편성을 갖는지는 잘 알 수 없다. 그러나 적어도 강원도에서만큼은 여성들 사이에서 폭넓게 살아지고 있던 존재방식이었던 것만큼은 분명한 것 같다. 유정 자신이 고향인 강원도 실레 마을에 내려가 있는 동안 '들병이'와 깊은 접촉을 했던 것으로도 나타난다.

김유정 수필 「조선의 집시」가 그 들병이에 관한 것이다. 이 수상에서 김유정은 들병이를 '조선의 집시'라고 규정하며 들병이가 어떤 존재이고 무엇을 하는 여인네들인지 설명해준다. 그 자신이 겪은 일화와 함께. 이것은 들병이에 관한 매우 중요한 정보이며, 그의 소설에서 피상적으로만 접했던 들병이에 대하여 보다 명확하게 알게 되는 계기를 제공해준다.

들병이란 '이동식 작부'이긴 하지만, '작부'라는 데에서 느낄 수 있는 것처럼 그다지 권장할 만한 여성의 존재방식이었다고는 할 수 없다. 부정성이 보다 강한 존재성일 가능성이 높다는 것이다. 그러나 김유정은 들병이 속에서 부정성과는 거리가 먼 다른 것을 본다. 이름하야, '사랑'이다. 좀 더 폼나는 말로 하면 '에로스'다. 김유정은 들병이 속에서 에로스를 보고, 그것을 조선적인 향토색이 짙은 '토속적 에로스'로 이해한다. 김유정을 통해 이 '토속적 에로스'에 깊이 샤워하고 나면 그 가난하고 뿌리 뽑혀진 향토의 삶이 갑자기 마치 낙원의 그것이기라도 한 것처럼 아득하고 그립게 느껴지게 된다.

사실 들병이가 지나가는 곳에서는 흔히 사랑이 싹튼다. 특별히 장가 못 간 농촌 총각들 사이에서 그러하다.

들병이가 동리에 들었다, 소문만 나면 그들은 시각으로 몰려들어 인사를 청한다. 기실 인사가 목적이 아니라 우선 안면만 익혀두자는 심산이었다. 들병이의 용모容貌가 출중나다든가, 혹은 성악이 탁월하다든가 하는 것은 그리 문제가 못 된다. 유두분면油頭粉面에 비녀쪽 하나만 달리면 이런 경우에는 그대로 통과한다. 년래의 숙원을 성취시키기 위하야 그 호기를 감축할 뿐이다.

들병이가 들면 그날 밤부터 동리의 청년들은 떼난봉이 난다.

「조선의 집시」중에서

그 사랑이 흔히 일장춘몽, 파국으로 끝나는 게 태반이라 하더라도 김유정은 그 '사랑사건'에서 생의 중요한 에너지와 의미를 끌어내기를 별로 주저하지 않는다.

들병이란 현실적으로는 일제시대 조선사회 서민 여성들의 삶의 고단함과 힘듦을 드러내 보여주는 상징이었다고 할 수가 있을 것이다. 그러나 들병이가 드러내 보여주는 현실의 부정성은 그 여인들이 간직하고 있는 생의 능동성과 긍정성을 압도하지는 못했던 게 아닌가 싶다. 적어도 작가 김유정의 시선 속에서는 말이다.

여인하면, 그 유명한 연애사건의 주인공인 박녹주를 빼놓을 수 없을 것이다. 그러나 박녹주에 대한 수상은 애석하게도 김유정의 수상 모음집 속에 들어있지 않다. 박녹주에게 보낸 하많은 편지와 연서 수기들이 있었을 텐데, 그게 한 장 남아있지 않다는 게 몹시 아쉽고 안타깝다.

헌데, 박녹주에 대한 것은 없지만 또 다른 연애사건에 연루된 여인에 대한 수상은 남아 있는 게 있다. 시인 박용철의 누이동생인 박봉자에 대한 수상이다. 이것도 김유정 쪽의 일방적인 애착이었던 것으로 알려져 있는데, 김문집은 이 연애사건이 박녹주의 경우보다 김유정에게 더 중요했던 것으로 인식하는 태도를 보여주고 있기도 하다. 이 연애사건의 실패가 김유정을 절망케 하고 죽음으로 몰아간 측면이 강하다고 이해하고 있는 듯하니까.

헌데, 박봉자 사태는 '여인' 항목에서 다루기 곤란하다. 김유정은 무슨 연유에서인지 「병상의 생각」이라는 제하를 두고 박봉자에 관련한 이야기를 담아내고 있다. 마치 병상의 고통을 이겨내기 위하여 박봉자가 필요했을 뿐이지 그 외의 다른 의도나 감정은 없었다고 하는 듯이.

박봉자 사건은 아무래도 '여인'의 항목이 아닌 '병상의 이야기' 항목에서 다루는 게 맞을 듯하다.

■ 고향 강원도 춘천 실레 마을

김유정은 생애의 대부분을 서울에서 살았지만, 그의 뿌리가 강원도 춘성군(지금의 춘천) 실레 마을에 있다는 점에서 그의 고향은 강원도 춘천 실레 마을일 수밖에 없다. 그의 탄생지가 거기이기도 하다. 게다가 젊은 시절 박녹주와의 사이에서 깊은 실연을 맛보고 고향에 내려가 야학을 꾸리면서 한 4년 정도 실레 마을에 머물렀고, 그때의 경험들이 그의 소설 작품의 중요한 모티브요 배경이 되어 있기도 하다.

그의 수필에서도 고향 마을을 다룬 작품들이 상당히 눈에 띈다. 잘 알려진 「조선의 집시」도 넓게 보면 그 가운데의 하나이고 「강원도의 여성」 「오월의 골짜기」 등을 비롯하여 여럿 작품들의 흔적이 있다. 그의 글쓰기의 중심이 어디에 놓여 있는지 살필 수 있게 하는 대목이다. 아마도 김유정의 작품들은 그의 고향 실레 마을을 떠나서는 탄생하지도 존재하지도 않았을 거라고 추정해도 그닥 잘못된 추정은 아니라고 할 수 있지 않을까 한다.
  그러나 고향 시골 마을을 바라보는 유정의 시선은 꼭 긍정적이지만은 않다. 들병이를 상징으로 하는 에로스적 공간임을 확인하지만, 그 한계와 부정성도 놓치지 않는다. 영화 『동막골』에서 보여지는 듯한 그런 낙원만은 결코 아니라고 하는 것이다. 그러한 시선은 수필에서 보다 직접적이고도 노골적인 언사로 표출된다.

  시골이란 그리 아름답고 고요한 곳이 아닙니다. 서울사람이 시골을 동경憧憬하여 산이 있고 내가 있고 쌀이 열리는 풀이 있고…… 이렇게 단조單調로운 몽상夢想으로 애상적 시흥哀想的詩興에 잠길 고때 저 ― 쪽 촌뜨기는 쌀 있고 옷 있고 돈이 물밀듯 질번거릴 법한 서울에 오고 싶어 몸살을 합니다.
「잎이 푸르러 가시던 님이」 중에서

　도회의 사람들은 시골을 무슨 '동막골' 같은 낙원처럼 몽상하지만 실제 그의 고향과 같은 산골 시골 마을에서 수개월 살다보면 지치고 진이 빠져 더는 시골에 있으려 하지 않게 될 거라는 점을 확인한다. 도회의 시간과 시골의 시간은 그 시간 흐름이 다르며, 시골의 그 지리멸렬함과 무료, 권태는 또 다른 차원의 타락임을 확인한다. 아낙들이 들병이로 나서고, 시골의 처녀총각들이 끊임없이 도회지를 동경하고, 투전판이 횡행하고 하는 게 도회지와는 또 다른 시골만이 갖는 차원의 타락상으로 인식된다. 그 지리멸렬함과 무료함이 참사를 빚어낸다는 것⋯⋯.

　이제 유정의 고향 춘천 실레 마을은 그가 묘사한 것 같은 깡촌 산골마을은 아니다. 깡촌 산골마을은 옛날이고 상당히 세련된 마을로 거듭났다. 춘천시로 들어서는 초입에 자리 잡고 있어 관광지로도 꽤 호응이 높다. 그 중심에 '김유정문학관'이라는 그의 기념관이 자리 잡고 있다.

■ 병상의 생각

　김유정 수필의 가장 많은 부분을 차지하는 것이 이 병상의 이야기이다. 그게 자연스럽다는 생각이다. 병에 걸려 몸이 아프니 온 신경, 온 마음, 온 생각이 거기로 흘러 들어갈 수밖에는 없었을 것이다. 행성들이 태양의 주위를 돌듯이. 게다가 그 병이 어떤 병이더냐 말이다. '폐결핵', 당시로서는 치유가 불가능한 '죽을 병'이었다. 유정의 생활의 중심이 될 수밖에는 없었다. 말년에 병이 깊어지면 깊어질수록 더욱 더.

　유정의 수필을 들추어보게 되면 그런 상황을 쉽게 접하고, 이해할 수 있게 된다. 유정의 글쓰기는 강해져만 가는 병에 사로잡히거나 굴복하지 않고 버티기 위한 일종의 투쟁으로서의 과정이었을 가능성이 있는데, 그의 수필을 들여다보면 그 가능성을 적나라하게 실감하게 된다. 유정은 이렇게 쓰고 있다. '병에 잡아먹히지 않기 위해서'라고.

　29세라는 젊은 나이에 생을 마감하고 말았으니 결국 '병에 잡아먹히고 말았다'고 할 수 있을지는 모르겠다. 그러나 유정의 죽음을 '병에 잡아먹히고 말았다'는 식의 일종의 병에 대한 패배로 인식하는 데에는 재고의 여지가 있는 일이다. 불치병에 생명을 잃는 것은 누구에게나 자연스러운 일이다. 자연스러운 일에 '패배'의 딱지를 붙이는 것은 잘못된 것이다. 이것은 애초에 승패의 문제가 아닌 자연의 '섭리'에 관한 문제였던 것이다. 자연의 섭리 앞에서 사람이란 그저 '겸손'할 수밖에 없는 일이다.

안회남은 유정이 겸손했다고 한다. 심지어 그의 책상 머리맡 위에 '겸허'란 두 글자를 써놓은 종이를 떡하니 붙여놓고 이 말을 늘상 새겼다고 했다. 그런 연유에서인지 몰라도 안회남은 김유정을 회고하면서 아예 '겸허謙虛'라는 제하에 유정의 이야기를 하고 있기도 하다.

> 그러나 초조한 그에게는 이러한 것까지 그리 탐탁하게 여겨지지 않은 모양이었습니다. 유정이 세상을 떠나기 조금 앞서서 문병을 갔더니 그의 책상 위에는 '겸허謙虛'라는 두 글자가 커다랗게 씌어서 붙어있었습니다. 모든 것을 욕망하였던 인간이 아무것도 얻지 못하였을 때의 일일 것입니다.
> 「겸허-김유정전」중에서

이런 단순한 전언은 그 단순함에도 불구하고 유정에 대한 이해를 크게 높인다. 아마도 유정은 '자연의 섭리'를 이해하고 있었던 게 아닌가 싶어진다. 그렇지 않고는 그렇게 젊은 나이에 '겸허'라는 차원을 생각하고 자신의 생활 모토로 삼았을 리가 없다. 불치병이 이러한 이해에 도움을 주었을지 모르겠다. 원래 스스로 이러지도 저러지도 못하는 것에 대하여는 사람은 겸손해지게 마련이 아닌가.

유정의 수상 가운데에서 가장 난해한 것이 「병상病床의 생각」이다. '병상'이라는 타이틀을 달아놓고서 수상의 내용은 병에 대한 이야기는 없고 자신을 퇴짜 놓은 여인에 대한 분憤과 그녀의 허영에 대한 질타로 시종일관하고 있다. 그 여인이란 다름 아닌 시인 박용철의 여동생인 박봉자이다. 「병상病床의 생각」이니 자신이 겪고 있는 병에 대한 꽤 깊은 고찰이 있겠구나 지레짐작하고 읽었다가 전혀 그렇지 않은 데에 멀뚱해져버리고 만 사람들이 꽤 되리라고 본다.

이 글은 박봉자에게 보내는 편지글이었으나, 애초에 그녀에게 보낼 생각에서 쓰여진 것은 아닌 것으로 보여진다. 그랬더라면 이렇게까지 노골적으로 자신의 심사가 드러나는 글은 쓰지 않았을 게 틀림없다. 실제로 이 글이 받을 사람에게는 붙여지지 않았다는 점에서 입증이 된다.

이 편지글에서 유정은 꽤 많은 생각들을 담고 있다. 다소 두서없다는 생각이 들 정도다. 그러나 핵심은 '사랑'에 관한 말을 하고자 했다는 것을 살필 수 있다. '진실된 사랑'과 '허영된 사랑'을 비교하면서 유정은 상대인 박봉자가 허영의 사랑에 빠진 허영의 인물이라고 규정하고 있다.

> 이것이 물론 당신에게 넉히 실례가 될 겝니다. 마는 나는 서슴지 않고 당신을 이렇게 생각하야 보았습니다.
> — 근대식으로 제작制作되어진 한 덩어리의 예술품藝術品 —
> 왜 내가 당신을 하필 예술품에 비하였는가. 그 까닭을 아시고 싶을지도 모릅니다. 마는 여기에 별반 큰 이유가 있을 것도 아닙니다.
> 「병상病床의 생각」 중에서

반면 유정은 자신은 '진실된 사랑'을 찾고 있고, 또 안다고 자부하며 박봉자에게 그것을 바랐던 것뿐이라고 실토한다. 이건 다른 말로 하면 박봉자가 진실된 사랑을 알았으면 결코 자신의 사랑 시도를 거절하지 않았으리라는 이야기가 된다.

이렇게 상대에 대한 강한 비난과 질타를 담은 글이었으니 상대에게 붙일 수 없었던 것은 당연해 보인다.

자신이 바라는 사랑이 '진실된 사랑'임을 입증하기 위하여 유정은 다소 무리수를 두기도 한다. 거창한 거대담론에 매달리는데, 여지껏 김유정이 보여온 글쓰기와는 사뭇 다른, 어울리지 않는 양상이다. 예수를 끌어들이고 맑스를 끌어들이고, 반反귀족 반反상층부르주아적 양태를 통하여 자신의 '진실된 사랑'을 입증하려 든다. 상대에게 사랑을 갈구하는 사람이라면 절대 범해서는 안 될 치명적인 실수를 저지르고 마는 것이다. 사랑은 거대한 것을 요구하지 않는다. 남녀간의 사랑이라면 더욱 그러할 것이다. 그저 서로간에 오가는 따뜻한 정이면 족할 것이다. 사랑은 영웅만이 할 수 있는 게 아니지 않는가. 그리고 그것만이 '진실된 사랑'이라고도 할 수 없지 않는가.

실연당한 사람이 무슨 말을 못하겠는가. 이보다 더한 말도 할 수 있을 것이다. 어마어마한 거대담론에 의지해 이 암울한 실연의 상황을 돌파해보려 한 유정의 의도를 느낄 수 있다. 실연당한 젊은 식자에게서 흔히 볼 수 있는 양태라고나 할까.

이 편지글에 「병상病床의 생각」이란 타이틀을 단 이유였을 것으로 추정된다. 병에 걸리면 사람이란 움직임이 현저히 떨어지고 온갖 망상과 사념들에 시달리게 마련이다. 「병상病床의 생각」이란 이에 대한 우회적 표현이었을 것이다. 실연의 아픔에서 오는 넋두리를 담은 글임을 간접적으로 표현해낸 그 결과로써의 타이틀이었다는 것이다.

유정의 수상은 많은 부분 이 '병상의 생각'을 담고 있다. 그래서 그의 소설에서 보여지는 해학과 웃음이 그의 수필 속에서는 좀처럼 드러나 보여지지 않는다. 오히려 안타깝고 고통스러운 감정을 불러일으키는 경우가 다반사다. 그래서 유정의 수필이나 수상은 유정의 실제 인생과 좀 더 깊이 매치된다고 할 수 있다. 그의 소설에서라면 결코 볼 수 없는, 그와는 전혀 어울리지 않을 것 같은 거대담론이 마구 쏟아져 나오기도 하는 것이다.

그의 수필을 읽고 있노라면 이런 느낌을 자연스럽게 받게 된다. 참 힘든 인생을 살다갔구나 하는 것.

그런 점에서라도 유정의 수상들은 그의 소설과는 다른 의미에서 꼭 읽어볼 필요가 있다.